择 善 固 执

一个长期投资者的逆向思考录

有智思有财　著

上海财经大学出版社

图书在版编目(CIP)数据

择善固执:一个长期投资者的逆向思考录/有智思有财著. 一上海:上海财经大学出版社,2018.8
ISBN 978-7-5642-3049-4/F·3049

Ⅰ.①择… Ⅱ.①有… Ⅲ.①经济学-文集②投资-文集
Ⅳ.①F0-53②F830.59—53

中国版本图书馆 CIP 数据核字(2018)第 110921 号

□ 责任编辑 李成军
□ 封面设计 桃 夭

ZESHAN GUZHI
择善固执
——一个长期投资者的逆向思考录
有智思有财 著

上海财经大学出版社出版发行
(上海市中山北一路 369 号 邮编 200083)
网 址:http://www.sufep.com
电子邮箱:webmaster @ sufep.com
全国新华书店经销
上海天地海设计印刷有限公司印刷装订
2018 年 8 月第 1 版 2021 年 9 月第 8 次印刷

710mm×1000mm 1/16 15.5 印张 214 千字
印数:12 501—14 500 定价:68.00 元

投资的方法很简单
就是择善固执
即选择最优秀的企业
长期持有

其中择善和固执同样重要
如果只做到二者之一
并不是完成了一半
而极可能是一无所获

前言

1990年底,上海和深圳先后成立了证券交易所,标志着我国改革开放又迈出了重要的一步。中国证券市场创立以来的二十余年,也正是我国经济高速发展的时期,证券市场理应成为普通投资者分享改革开放所带来的经济成果的重要渠道。作为这个市场众多参与者中的一员,二十多年来,与这个市场一起经历了无数的风风雨雨,全身心投入这个行业,并且始终坚信这个新兴的行业孕育着巨大的机会。

2003年,博客这种新鲜事物使我产生了写点什么的想法。那时,已经在中国股市中摸爬滚打了十余年的我,逐渐厌倦了市场中无休止的追涨杀跌。面对不停地在得而复失和失而复得间徘徊的收益,疲惫之余,感觉自己乃至整个市场全都迷失了方向。当时不少投资者都已经产生了类似的感觉,于是大家把中国股市与发达国家股市进行了比较,最终大多数人认为,是一个叫"股权分置"的东西影响了中国股市的健康发展。在那一年,市场展开了一场解决股权分置的"全流通之路"大讨论。也正是在那时,我写下了第一篇博文:《全流通——愿望不能成为制定政策唯一依据》,提出实现真正全流通的过程,不可操之过急,更不可以为了全流通而全流通。不久之后又写下了《保持股市适度稀缺还是给它投资价值?》,阐述市场从稀缺炒作到价值投资的差距,认为中国资本市场建设,不可频繁"推倒重来"。

市场在成长,我们在学习,从西方各类经济学基础理论到华尔街的发展历史,再到巴菲特的价值投资,以一个个人投资者的角度,紧张地思考着中国资本市场的前途,也思考着自己的出路。2006年,中国股市闻到了牛的气息,那是至今最大的一次炒作"稀缺"的盛宴。由于手中所持有的大量资源股也恰巧处于上升周期，并逐渐达到顶峰，那次行情使我收益颇丰。我的博客并没有记录那段经历，因为我始终觉得，那多半靠的是运气。而运气这种东西，既无法复制也不值得总结。

随着2007年股市行情达到高潮，我逐渐把资金从获利丰厚的周期行业股票上退出，集中到茅台上来。尽管一年后看来，全都买在了高点，但却把个人资产的回撤控制在了一个足以令我满意的幅度内。购买茅台，当时只是一个避险行为（我称之为"把茅台当作结算货币"），目的仅仅在于大涨后的控制回撤。没有想到的是，这一持股，至今已有十余载。回过头来，看一看曾经重仓持有过的那些周期行业股票，已经有些不寒而栗，由此引发了我新的思考。

茅台无论是上市之前还是上市之后，几十年中一直保持着稳定而骄人的业绩增长，这在世界各国的企业中都是极为罕见的。然而这样一家优秀的企业，从它进入资本市场的那一天起，便注定了对它的争议永远没有终止的时候。十余年来，双方各自抱着叶公好龙式的推崇或恐惧甚至厌恶，辩论得面红耳赤。人们就这样争来争去，激烈得已经忘记所争何物。无数投资高手在茅台面前成为匆匆过客，买椟还珠，忙得不亦乐乎。仓促间顾不得看一眼自己曾经的拥有。

自茅台上市的那一天起，我就对它垂涎三尺，对茅台酒的感知及对茅台股票的研究也是与日俱增。但是，那时的我，对股票收益的追求远远不是茅台的企业自身成长率可以达到的，所以，2007年以前，我一直没有重仓持有过茅台股票，2010年之前，没有草率动笔写过茅台的评论文章。正因为没有持股，随着对茅台研究越是深入，就越是感到深深的遗憾。

2010年，在持续研究、观察这个企业近十年，持股数年之后，才勉强敢于下笔。自那年我以《笑谈茅台品牌价值——是滔滔江水还是半把破铁壶》和《喝茅台酒的人，是不会抛出茅台股票的》两篇博文开始，陆续写下了一些自己对茅台的点滴认识。2012年的《茅台产量与销量相关概念梳理》成为后来许多茅台爱好者分析茅台生产销售情况的模板。《本命年的茅台股份》在雪球网发表后，至今仍旧是雪球网回复量最大的主帖。

之后的文章,大多围绕经济理论、证券市场、茅台酒和茅台股票,偶尔发一发感慨,娱乐一下平淡的人生。其中值得一提的是《格雷厄姆的“投票机”和“称重机”究竟是在说什么?是在说谁?——回复雪球 renjunjie》。这是我在雪球网与任俊杰兄关于价值原理和市场机制这个股市永远无法回避的题目的一次深入探讨。文中表明自己的观点:价格并不必然围绕价值波动。

价格并不必然围绕价值波动,那么是否有必要把自己的投资聚焦于优秀企业?这是一个价值观的问题。

2017 年,好友邹胜建议我把博客和雪球网中的文章整理出书,并替我承担了大量的整理工作。感谢邹胜,感谢上海财经大学出版社李成军老师。

全书分为四篇:雾里看花,茅台,价值投资的试金石;市场真金,A 股,中国经济的水晶球;经济话题,且看,各色魔方的多棱镜;杂论疏议,话外,史迹之中的咏叹调。第 1 篇是我这些年所写下的有关茅台文章的一个选编;第 2 篇记录了自己对资本市场及其发展的评论;第 3 篇讲解了一些传统经济学理论解释不通的内容;第 4 篇的内容多以娱乐为主。

书名为《择善固执》,取自《礼记·中庸》,“诚之者,择善而固执之者也。”这是儒家思想中非常重要的一个理念。在儒家看来,择善固执是做人的一种境界,这种境界是绝大多数人所达不到的。股市中二十余年的经历,使我感觉到做投资也需要时常用这种理念反省自己。子曰:“笃信好学,守死善道,危邦不入,乱邦不居。天下有道则见,无道则隐。邦有道,贫且贱焉,耻也;邦无道,富且贵焉,耻也。”如果用在投资上,可以理解为,抱有坚定的信心,不断努力学习,坚守最优秀的企业。不买入和持有高风险投机品种。优秀企业受到追捧的市场环境下,投资业绩自然显现,投机气氛过重的行情下,则远离市场。优秀企业引领市场时,赚不到钱,是耻辱的;投机炒作横行时,赚到钱,是耻辱的。

借此,与读者共勉。

目录

第 1 篇

雾里看花，茅台，价值投资的试金石

笑谈茅台品牌价值
——是滔滔江水还是半把破铁壶

茅台的品牌价值是多少？

有人说是 400 多亿元，我告诉你，准确地讲，那个应该叫“品牌价格”而不是价值。

还有人说这 400 多亿元在计算茅台价值时，也应忽略不计，原因是在计算茅台的 1 000 亿元存酒时，已经包括了这 400 多亿元。对此，我实在不敢苟同。

世人皆言有买椟还珠者，如今方知，此言之不谬矣！

茅台的品牌价值，便是那滔滔的长江之水，而茅台的存货不过是你手中的那半把破铁壶。

设想一下，如果没有水，你手中的那半把破壶，价值几何？

因此，没有那破铁壶，长江也要大打折扣？所以长江的价值取决于你的那半把破铁壶？

我宁可相信，不是江水在动，而是我的心在动。

我们先说说那个所谓的“400 多亿元品牌价值”是怎么算出来的。

茅台的吨酒价格目前是 100 万元，所以茅台的 10 万吨存酒价值 1 000 亿元。这 1 000 亿元里，确实包含了茅台的品牌价值。

但如果茅台的存酒不是 10 万吨，而是 20 万吨呢？

如果结论是前面 10 万吨价值 1 000 亿元，而后面的 10 万吨只值高粱、小麦加水的价，那就是说第一个 10 万吨，已经把品牌价值用完了。

而那 400 多个亿，就是对第二个 10 万吨茅台和 10 万吨“高粱、小麦加水”给出的差价。

而如果存酒是30万吨，那么，第三个10万吨就只值“高粱、小麦加水”的价了。

这东西还有一个名字，叫什么“边际效用递减”，据说是门格尔、杰文斯、瓦尔拉斯同时发现的。我对它的评价是，骗人不打草稿！边际效用理论是西方经济学诸多价值烂理论中，最烂的一个，完全混淆了价格与价值，将价格递减，硬说成效用(价值)递减。

中国有一个笑话，说有一个傻子吃烧饼，吃到第5个时，饱了，于是拍拍肚子说：“早知道第5个能饱，我就不吃前4个了。”另一个傻子郑重其事地告诉他：“不对，你吃的这5个烧饼只有第1个是效用最高的，其余4个，逐个效用递减，所以你要保证高效用，应该只吃第1个。”

这种算法虽然愚蠢，但却揭示了茅台有那么高的品牌价值，却只有那么低的品牌价格的原因。在我看来，这一千多亿元，不值茅台品牌价值的一个脚趾头，只是由于茅台的存货不足(实际上是产量不足)，造成其品牌价值中的绝大部分无法发挥作用。我给了它一个名字，叫“品牌价值高度闲置”。茅台的经营者在茅台持续多年严重脱销的情况下，宁可纵容假酒泛滥以满足市场需求，也不肯扩产(别跟我提那每年2 000吨，丢人)，实在是民族自信心欠缺的结果。

几百年、一千年之前，有人介绍中国国酒时说：“这就是中国皇帝喝的酒。”几十年前说：“这就是中国那群穷小子们喝的酒。”现在人们说：“这就是中国那群暴发户喝的酒。”酒的味道都是一样的，只是其他不一样的东西太多了。

2010年5月5日，人民网以“文献纪录片《百年茅台》摄制工作顺利推进”为题发了一条消息，其中提到这样一段话：“中央新闻纪录电影制片厂副厂长郭本敏向袁仁国一行介绍了《百年茅台》的摄制情况。《百年茅台》以镜头语言诠释了茅台酒发展史的沧桑与辉煌，彰显了国酒茅台在民族复兴与大国崛起中的地位，以及难以挑战的文化软实力。”

我想袁仁国听到这番话时，心里一定是沉甸甸的。

去看一下这部片子吧，看完后，你或许会明白，茅台的品牌价值是多少，以及它背负的是什么，无论是季克良、袁仁国，还是贵州省，甚至是……

说了都是不算数的。

可口可乐是什么？是一个无比强大、富有且自信的国家的流行饮品，它里面装载着美国长达200年的历史和民族自豪感，要是产自埃塞俄比亚，只怕你宁可去喝止咳糖浆了。

要是相信中国还有再次崛起的一天，就拿中国人口加上全球华人华裔数量除以美国总人口为系数去计算中国第一民族品牌未来的品牌价格，准不会错。那些动不动就把可口可乐之流和茅台放在同一水平对比的人，缺乏的不过是强大的国家和民族自信心罢了！

顺便也说一下茅台的品牌宣传。最近看了一些批评茅台品牌宣传的文章。我个人认为，茅台的品牌宣传，确有问题，但恰恰不是那些文章所说的问题。

与他们的理解相反，茅台根本不需要再宣传什么"国酒"了，全国人民，甚至是全世界人民都知道中国的国酒是茅台！而且那些别有用心的人越是讲国酒要轮流坐庄，大家的反应就越是，"这有什么好说的？中国的国酒就是茅台"。

那么把自己已经确定了的地位在广告里大肆宣传，出于什么目的？心虚？更可笑的是，把自己已经确定了的地位和那些地位待定的"国石""国瓷"放在一起，到底是在给谁做广告？

国酒地位已经确定了。但是，那又怎么样？是国酒，国人就会喝吗？如果真的是那样，外国的月亮就不会那么圆了，也就不会有那么多无聊的人对茅台的包装说三道四了；更不会有人说什么"绅士就必须穿西装"了；更不会有人肆无忌惮地推销如何迎合"狐狸精"的价值观了！

如果有人告诉我，"现今高端消费者的主流审美观"就是要"洋气"的话，作为国酒，我宁可还是让它"脱离"的好！

中华五千年璀璨文化,能被你我装入手上那半把破铁壶的又有多少?

所以,那些都是废话,茅台品牌的宣传比那要简单得多。只要突出一个主题:“喝茅台酒,彰显民族自信!”

就这一点而言,“神采飞扬中国郎”已经明显走在前面了,不过,不要紧,茅台的机会还很多,20 年之内,茅台仍将是这个主题的最大受益者,但茅台的管理者有没有自信打出这个主题呢?作为旁观者,留给我们的,或许仍旧是无奈。

(写于 2010 年 5 月 24 日)

喝茅台酒的人，是不会抛出茅台股票的

我想告诉大家的是：喝茅台酒的人，是不会抛出茅台股票的。

我是喝酒的人，身边也有许多喝酒的人，多年来，只见过原先喝其他酒的人改喝茅台了，却从未曾见过原本喝茅台的人改喝其他香型的酒。这也许正是五粮液酒厂改酿酱香酒的缘故。

茅台至今没有发展起来的根本原因在于它不明了“酒香也怕巷子深”的道理，一味地满足于它那一点点产量的所谓“尽产尽销”。我问过许多人，为什么不常喝茅台酒。除价格因素外，最主要的就是谁也没有把握可以喝到真的茅台酒，感觉茅台完全不把我们这样的基础消费者放在眼里，因此越不常喝茅台的人就越倾向于“藏拙”。茅台由于自己产量不足，对假酒泛滥也一直没有认真对待，白白放弃了最大的一个市场。甚至形成“买茅台的人不喝，喝茅台的人不买”的局面。试问中国有几亿喝酒的人，有多少可以拍着胸脯说自己喝过真茅台？

但近年来，随着茅台产量的增加，茅台公司确实采取了一些措施，特别是通过对渠道的管理，大型商超和专卖店已经杜绝了假酒（卖假酒的利益与其带来的风险已经不对等了）。也就是说，只要你想买真酒（事实上如果停留在“买茅台的人不喝，喝茅台的人不买”的情况下，有许多人本身就没想去买真酒），一定是买得到的。因此，明显可以感觉到，身边喝茅台酒的人开始多起来。

我开始只是喝茅台酒，后来是实在忍受不了茅台酒价格的不断上涨转而买入茅台股票对冲的。世界上有三种东西消费者忠实度最高。第一是毒品，但企业没有上市的；第二是烟草，但会常年诉讼不断，随时可能面临巨额罚款;第三便是白酒,特别是酱香白酒。茅台酒一旦喝上,真是欲罢不能,但这群人里买茅台股票的人并不多,原因也很简单:就是所谓的茅台股价太高,买股票是要掏自己腰包的,而到目前为止,像我这样花自己的钱去喝茅台酒的人,数量甚少!

如此,一切都明了了,所谓的茅台发展瓶颈既不是它的产量,也不是它的价格,更不是它的市场份额,而是像我这样被茅台常年忽视的最忠实的个人消费者和投资者。从茅台股东人数总是不超过四五万人就可以看得出,像我这样的投资者很少。首先是像我这样的真实消费者很少,可喜的是,正在逐年明显增加;其次是这些消费者中买股票的人很少,这一点我相信会有一个明显增长的过程。而一旦这样的人买入茅台股票,是不会轻易卖出的!所以每当我看到茅台股东人数上升时,与那些至少20年后才能明白茅台是什么的基金经理们不同,我会欣慰于茅台筹码的分散。告诉大家,像茅台这样的股票,筹码越分散越好。总会有人知道伯克希尔·哈撒维吧?它的股票不断上涨而不是大幅波动就是因为很多人手里都只有一两股股票!

我希望通过2010年6月前后这次调整不要又变成散户被洗出去,机构进来,而应该是不懂酒、看不懂财务报告的人出去,懂得酒、懂得看财务报告的人进来。

的确,几斤粮食加点水,放五年就卖几百元钱一斤,太难理解了。自亚当·斯密提出水和钻石的悖论,到大卫·李嘉图的无奈,到约翰·麦克库洛赫明确提出酒的经济学盲区,几百年来酒的价值可以证伪所有现存经济学理论。如果你都不明白花这么多钱究竟买的是什么,你还是不要买了。

做股票快20年了,如今方知,此物全凭悟性。懂得它的人,乃人中龙凤。

懂得茅台酒的人,更是超前了这个时代50年!也就是说,目前30岁的人,到80岁的时候才能明白茅台酒是什么。到那时,他或许才会真正明白,“守股比守寡还难”的真正含义。

茅台、五粮液的品牌价值从被认为几乎可以忽略不计,到目前被认为值数百亿元,是公司经营者努力的结果吗?大错!

一个民族的崛起，靠的是自信心。一个没有自信心的民族，民族崛起是无从谈起的。巧了，一个民族品牌的崛起靠的也是自信心，一个没有自信心的民族，民族品牌的崛起也是无从谈起的。

茅台的上市使得所有人都有机会分享其品牌价值上升所带来的财富。但我相信，绝不是每个人都有能力利用这一机会。

正像现在经常听到的，“我原本也是有机会拥有一套自己的房子……”

（写于2010年6月6日）

汾酒炮轰同行
——我真的震惊了!

看到一篇以《汾酒炮轰同行虚假宣传 茅台五粮液回避核心问题》为题的宣传文章后,我真的震惊了!

现在才知道,西方列强除了《凡尔赛条约》外,还送给过“北洋政府”这么个东西!

什么才是“核心问题”?

《凡尔赛条约》、“巴拿马万国赛会怒摔酒坛”,从小学在国耻教育时就反复听到这两个故事。国耻呀!

“怒摔酒坛”,那是压抑许久的愤怒与民族自信的集中释放,而绝不是在向西方列强乞求什么施舍!

1949 年,中国人民站起来了,过去被列强们抢去的东西我们收回来了,但我们收回的仅仅是一部分。20 世纪 70 年代,中华人民共和国本着和平友好的原则与西方国家陆续建交,“鸦片战争”、《凡尔赛条约》、“怒摔酒坛”逐渐被淡化,然而,“淡化”不可以等于“淡忘”! 特别是在我们被列强抢去的最宝贵的东西——民族自信心——被找回来之前!

今天,过去的不平等条约都已经被废除,香港、澳门已经回归祖国的怀抱,我们也可以在中华大地上举办世博会的时候,却有人翻出“洪宪年”郑孝胥题写书名的一本叫作《中国参与巴拿马太平洋万国博览会纪实》的漏洞百出的书,迫不及待地要求据此追封“洋赐洪宪御酒”,可悲啊!

什么是历史?“孔子著《春秋》,乱臣贼子惧!”那才是真正的历史!

无论是谁,请不要再曲解“怒摔酒坛”的故事了! 西方列强用军舰兜售鸦片、在我们的地盘上烧了我们的圆明园,仍旧可以理直气壮,我们在人家的地盘上摔一个自己的酒坛,却要被迫在给北洋政府的报告中解释说“我们不是故意的”,羞也不羞?他们怎么就不能明白,与那个什么狗屁不通的“奖”相比,国人所更看重的恰恰是那一“摔”。古语云:“知耻近乎勇!”中国人,什么时候可以找回我们的自信?!

有人说我上升到民族自信的高度来评价白酒,有些过了。我说,错!

我评价的是一个民族品牌!

一个民族的崛起,靠的是自信心。一个没有自信心的民族,民族崛起是无从谈起的。

巧了,一个民族品牌的崛起,靠的也是自信心。一个没有自信心的民族,民族品牌崛起也是无从谈起的。

如果你坚持认为中华民族的民族品牌非得要国外认可才有价值;非要到“巴拿马万国赛会”上去拿个什么奖才如何如何;如果你那张土生土长的中国嘴,一边说着“我就是喝不出茅台有什么好”,一边向洋酒抛着媚眼,我有什么可能把国家崛起的希望寄托在你身上呢?可喜的是,这样的人,终究是少数。

白酒是什么?是一个自强不息的民族的酒,是世界上最好的酒。茅台是什么?是最好的白酒。是无数种酿造方法、无数个酿造地点几千年来逐一尝试的结果,那是无数张地地道道的中国嘴在几千种白酒中一个个地品过来得出的结果。如果离开了这份自信,其他的,不过是一堆垃圾!

最好的酒、国酒,是否就能被我的同胞们认同?如果在一些人眼里,别人的月亮总是比我们的圆,再好的东西也只会被糟蹋。茅台、五粮液的品牌价值就曾经被认为一文不值,即使现在,被认同的价值也远低于它的实际价值。民族品牌价值的不断上升,需要和体现的正是民族自信心的不断提升。我坚信,在今后的数十年里,我们将要看到的是一条不断上升的民族自信心的曲线。不要说“喝酒喝不出强国来”这种话,这就好像在说“体温表度数上升不会使你发烧”一样。

你去大的超市或在网上查一下茅台确认的专卖店买一瓶53度的茅台,不要去买假的那种。你可以一边品着酒一边听我讲一讲中华民族为什么必然会重拾自信，否则你听不懂。

中华文化与西洋文化之间最主要的差异在哪里？

在于多了太多的文化沉淀，少了太多的速成。

了解这个世界的方法只有两个，一个叫“试”；另一个叫“算”。牛顿之前，所有的人都是在“试”，所不同的是，在许多问题上，别的国家开始“试”的时候，中国已经“试”了几千年了。听说过“愚公移山”吧？那就是中国式的可爱。

牛顿确实改变了这个世界，他告诉人们，其实许多东西是可以“算”出来的，之后，便有了“工业革命”。牛顿使得西方国家一次性超越了几千年！但我们仍旧自信，有的时候“试”出来的要比“算”出来的快。所以在那之后，我们又“试”了几百年，结果在这段时间里，西方国家“算”出来了太多东西。

我们落后了。

但是不是因为我们曾经的盲目自信使我们暂时落后，我们就不应该再自信了呢？

按照中国人的语言习惯，答案是：

不！我们有充分理由，重拾自信！

因为我们的祖先“试”出了太多至今无人知道如何“算”起的东西（比如说茅台酒的成分），而最重要的是，我们现在也已经开始会“算”了。知道吗？我们用于“算”的“原料”是我们经过几千年“试”出来的，这本身便是别人所不具备的，并且我们在“算”的同时，仍旧有子子孙孙从未间断地“试”着！

你信不信，我们仍旧会“试”出许多别人不曾“算”出过的东西？当一万条路摆在你面前，其中只有一条是正确的，西方人会组织 1 000 人去算，直到找到正确之路。而中国人的方法是，组织 2 000 人去算，另外还可以再组织 10 000 人，每条路去试。因为我们每个中国人都不会让生命虚度的。这仍旧是中国式的可爱！

邓小平改革开放的时候，列强们经过认真计算，一致结论是，成功的机会渺茫。一度全球最盛行的理论就是“中国崩溃论”，而结果怎么样呢？邓小平同志的一句“摸着石头过河”就是中华文化的精髓所在，你不要说我们不成，我们也先不说我们一定成，我们试试，你再看！

毛泽东同志在中华人民共和国成立初期就说过“让那些内外反动派在我们面前发抖吧，让他们去说我们这也不行那也不行吧”。那是何等的自信！邓小平同志改革开放的巨大成就，又何尝不是中华人民共和国成立六十多年来不断试错的结果呢？

难道还要西方人发一个什么“奖”，才能证明中国改革开放以来，古今中外史无前例的经济成就吗？他们搞得懂吗？

（写于2010年6月20日）

茅台的股价真的高了吗？

常有人对我说，“树不会长到天上去”。我则会回答他：“所以树长到的地方，就一定还不是天。”

德国人引进火车的时候，众多专家纷纷论证火车时速如果超过 30 公里，车上的人便会失聪，火车经过的地方，人们就会发疯。理由无非也是“万物皆有极限”。伯克希尔·哈撒维的股票在上千美元一股时，便有许多人确定性地预测了它不可能无限度地上涨。800 美元曾经可以买到乔布斯 10%的股权。IBM 在开展个人电脑业务时，大胆地预测了全球需求不会超过 6 台……

然而当这些话被讲了上万次之后，我们相信或不再相信，本身已经并不重要了。

事物的发展在遇到瓶颈之前是没有极限的，2 200 亿元虽多，但却不是瓶颈，因为没有什么人可以规定茅台的市值不可以是 22 000 亿元，甚至更多。

当凯恩斯斥责野蛮的遗迹时，当布雷顿森林体系规定 35 美元盯死一盎司黄金时，当巴菲特称其为“全世界最没用的东西”时，全都阻挡不了人们对黄金的痴迷。这种痴迷来自于目光一瞥之下，人类本能所引发的幸福感。人类在温饱之后，谁也无法阻止对这种幸福感的追求。尽管禁欲主义者竭力丑化它们，把它们归结为贪婪与腐败，歇斯底里地把它们与罪恶联系在一起，力图剥夺人类享用这种幸福感的权利。然而，人类的这种追求，却是压制不住的。

人类对黄金的这种特殊感情使它拥有了天然的财富属性，凯恩斯在斥之为野蛮遗迹的同时也曾经发出感叹：“它就像天上的月亮，无法被生产出来，而对这种东西的需求又不能压制，以至于劳动力无法就业。”（这是凯恩斯对大萧条根源的解读。)

酒，是与黄金非常近似的东西，尽管它给人类带来快感的方式略有不同，但它在给人类带来快感的同时，背负了几乎同样多的恶名，然而人类对它的钟爱却是没有止境的。

无可厚非。

酒，究竟价值几何？马克思认为，酒的价值可以颠覆整个李嘉图经济学体系。

一场美国南北战争打下来，罗伯特·李将军不得不承认，喝咖啡的人，是打不过饮烈性酒的人的。

19世纪初，美国人的烈性酒饮用量大得惊人：相当于现今人均用量的三倍。任何社交场面，若无狂饮，则不足以尽兴。到美国访问的欧洲人对美国人“每隔半小时至数小时便喝些酒的习惯”都表示惊讶。许多人每天喝四盎司威士忌或朗姆酒，约翰·亚当斯在早餐前必定要喝一品脱烈性苹果酒。

南北战争时战胜李将军的北军统帅格兰特正是被世人称之为“酒鬼”的那种人。纽约曾经专程派了一个牧师代表团到白宫，要求林肯撤换格兰特。林肯耐心地听他们讲，他们讲了一个小时。然后林肯说：“诸位还有话要说吗？”代表们说：“没有了。”于是林肯问道：“诸位先生，你们讲得很好，我想请你们告诉我，格兰特将军喝的酒是什么牌子的？”大家回答说：“不知道。”林肯说：“这太令人遗憾了。如果你们能告诉我是什么牌子，我将派人购买该牌子的酒10吨，送给那些没有打过胜仗的将军们，好让他们也像格兰特一样打几场胜仗！”

然而，美国人并没能够坚持饮烈性酒。好日子过得太久了，便有些穷极无聊之人强烈主张禁酒，于是20世纪20年代国会立法颁布了《禁酒令》，理由就是酒是犯罪的根源。美国历史学家总结为“清教徒和妇女运动占了上风”(美国历史学家真好当)。

接下来美国发生了什么，有一点点历史和金融常识的人都已经知道了。

这使我想起了古龙笔下陆小凤的那两句名言：“天生男儿以酒为命，妇人之言切不可听。”

这又使我想起了一首诗:“不惜千金买宝刀,貂裘换酒也堪豪。一腔热血勤珍重,洒去犹能化碧涛。”它的作者叫秋瑾,也是女人。

《禁酒令》的过错在于把人们对快乐和幸福的追求简单地与享乐主义甚至纵欲无度等同了起来,野蛮地剥夺了人类最宝贵的权利。至于认为“酒是犯罪的根源”与“欲望是万恶之源”同出一辙。然而人类失去了欲望,社会也就失去了进步的动力,经济自然也就会停滞。如果美国人真的可以做到无欲无求,又何必在意什么大萧条与经济危机呢?

1932 年民主党人富兰克林·罗斯福竞选总统,把撤销祸国殃民的《禁酒令》作为其竞选的重要承诺和经济复苏的重要政策之一,并在他就任总统的第一时间,兑现了他的承诺 。1933 年 2 月,美国国会通过第二十一条宪法修正案以取消禁酒之第十八修正案。

如今的美国人又在鼓吹什么“酒能摧毁人的意志”,真是好了伤疤忘了疼!

中国人也并非自古就饮烈性酒的。宋朝的时候,主流饮料是茶而不是酒。然而正是这个制度先进、科技发达、文化鼎盛、人才济济、GDP 稳居世界首位、国富民强的宋朝,先受辱于辽,后受辱于金,最终亡于蒙古。这与马克思的社会演进学说相去甚远,最终一个奴隶游牧民族不仅消灭了大宋这个 GDP 世界第一的大国,而且几乎征服了整个世界。蒙古人自然不知道那许多道理,他们的总结很简单:“一个喝茶的民族,是打不过喝烈性酒的民族的!”

历史总是很有意思,成吉思汗的子孙们很快便忘记了他们祖先的成功之路,当他们迷上宋人的香茶与安逸之后,很快走向了衰败之路。

仍旧是历史,历史造就了茅台成为当今世界白酒中的佼佼者。茅台与黄金的不同之处在于,它不仅会被消费,而且可以被生产出来。那么全世界唯一生产它的企业,我们有什么理由不去投资它呢?

说起投资,许多人会不约而同地想到巴菲特。巴菲特基本属于禁酒主义者,他很少投资这个行业并非是他不看好,而是他不投资自己不了解的行业

(也不是没试过，但是失败了)。

巴菲特的过人之处体现在看财报上。他之所以可以表现出惊人的笃定在于他能从财报中看出别人看不到的东西。没有这一点，“别人恐惧你贪婪”就太浮浅了。事实上，他并不是为了与众不同而与众不同。“两房”出事时大家都很恐惧，巴菲特可是曾经很看好两房的，他贪婪了吗？他只怕更恐惧，避之唯恐不及。巴菲特有一句名言，“我其实并无过人之处，我只是把别人用来看《花花公子》的时间，拿来看财报罢了”。如果不懂这一点，一味痴迷于巴菲特的那些所谓招式，是会吃亏的。

巴菲特从喜诗糖果(See’s Candies)中学到了很多东西，这样的品牌一定会存在品牌价值低估的问题，原因也在于财报。巴菲特正是把握住了这一点。他后来感叹说，“商誉”在会计处理上要像固定资产折旧一样每年摊销，但事实上有许多品牌的商誉不仅不会逐年减少，相反却是逐年增加的(近年来美国财务会计准则委员会才决定，除非企业商誉确实存在贬值，否则不需要摊销处理)。

其实他看到的还仅仅是冰山一角，许多品牌的商誉因不涉及购并，是根本无法体现在财务报告中的。那些没有被算入企业资产的商誉才是比报表中其他资产更有价值的资产，它有着更强的创造盈利的能力。因此，这样的企业是不能用普通的市净率的概念去评价的。

茅台由于生产能力有限，它的品牌价值中只有极少部分可以在盈利上得以体现，我称之为，“品牌价值高度闲置”。这样的企业是不能用普通的市盈率的概念去评价的。

西方经济学提出过一个“潜在产出水平”的概念，但却没人能说清它与实际产出水平之间的那个差额是什么。我可以告诉你，那是“资源闲置水平”。也就是说，在相同的实际产出水平下，资源闲置水平越高，潜在产出水平就越高，投资的价值便越大。这与大多数“专业投资者”的理解恰恰是相反的。

(写于2011年12月2日)

茅台产量与销量相关概念梳理

研究茅台许多年了，翻烂了茅台的所有报表，也看过无数券商的调研报告，发现这些券商报告的数据往往存在诸多问题。有些机构研究员并不认真研读财报，而是醉心于四处打探消息，这些打探来的消息，可信度就有限了。有的研究报告中的数据是经过处理的，每位研究员都会有自己的测算方法，而这些测算方法、统计口径一定是不同的，但是报告中往往没有标明统计口径、计算方法及误差。这样的数据如果不对统计口径进行调整，直接拿来使用，不仅是无用的，甚至会是有害的。特别是如果有一些基础概念搞不清，那是根本无法对统计口径进行调整的。

茅台的报表可以讲是制造业中最简单的，但也还没有简单到数据可以不加分析便拿来使用。我原本手懒，不大愿意写东西，只是有朋友问到哪些，我便说哪些，没有人问到的，我也懒得整理。因为实在不忍心看许多朋友在一些最基础的概念上走太多弯路，所以在这里就把分析茅台报表时会遇到的一些最基本的概念加以梳理，供大家参考。

分析茅台报表前，首先必须要搞清楚的概念包括“库存”“报表销量”“真实销量”“报表产量”“真实产量”“基酒产量”“成品酒产量”等。这是相互关联但完全不同的一些数据，就是这些概念使得茅台的报表业绩与真实业绩难以一致，券商的研究员们往往很难分清它们之间的区别，而是简单地用一句“预收款平滑”将它们混淆起来。然而，没有酒在那里，预收款有什么用？当市场不景气时，收了预收款，也是不敢发货的，而当公司尽产尽销时，你就是再收它几千亿元预收款，也只不过是一笔无息债务而已，它是永远无法转化为销售收入的。这样的情况下，你又如何能用“预收款调节业绩”呢？所以，分析茅台这样的企业，货才是最重要的，预收款完全可以不去理它。到目前为止，我还没见过哪个券商的报告能够完全清晰地认识到这一点。

我们先从库存说起。库存包括原材料、在产品、自制半成品和库存商品。

原材料，指生产酒所用高粱、小麦及产品的包装防伪材料等。

在产品，指停留在生产车间进行加工的在产品以及虽已完成了本年生产，但尚未送验入库的产品。

自制半成品，主要指库存的基酒，也包括勾兑后处于稳酒期的酒。

库存商品，指已经完成生产，检验合格入库等待销售的成品酒。

下面说销量：

报表销量，是已经销售并在当期确认（一般是以开发票为准）的销量，对应合并报表内的营业收入。

真实销量，是在报表销量基础上加上已经销售但未经确认的量（有的是母公司确认销售，销售公司未确认，合并报表时冲回来了），减去上一期销售在本期确认的量。由于茅台大部分时间尽产尽销，因此茅台的真实销量会很接近于它的当期报表产量。

下面说产量：

基酒产量，基酒是指经过 987 工艺后，入库的未经勾兑的原浆酒。新酒产生后，装入陶土酒坛中封存，便形成了所谓“基酒”。基酒产量也就是指当年新酒的出酒量。从端午制曲到腊月一轮次取酒，再到转年阴历八月左右，七轮次取酒结束，当年基酒产量全部形成，历时一年多。

每年年报、中报中都会有一句“公司共生产茅台酒及系列产品×××吨”，其中“生产茅台酒”指的其实并非茅台成品酒，而是指茅台基酒产量，它不会是“在产品”，也不会是成品，是以茅台原浆酒取酒后查库封存量为准的，在报表上显示为自制半成品。这句话中的“系列产品×××吨”是指茅台王子酒、迎宾酒及其他系列酒的基酒，其中迎宾酒虽距离成品较近，但这个数据并非以成品计量的，指的必然是新烤出来的原浆酒的数量。除茅台王子酒基酒及迎宾酒达 1 000 吨以上外，其他系列产品总计最多时不过数百吨，近年来由于汉酱酒的投产，数量会稍大些。这些基酒不仅用途不同，生产周期也不同。所谓王子酒基酒，是指原习酒酱香资产所产基酒。迎宾酒是翻沙酒，是用最后第9次蒸煮后丢弃的酒糟再加入一些新高粱和新曲药后产出的酒，不再长期储存，因此可以很快形成成品，而茅台基酒却要至少4年后才能成为成品。如此把这些数据相加后报出，实有混淆视听之嫌。不过没关系，也不难算。每年报表中都会有一句"收购习酒酱香型资产及配套技改工程项目计划投资25 796万元，此项收购已完成。截至报告期末，累计共生产基酒×××吨"，这个指的就是王子酒基酒了，累计数逐年相减便可得到当年王子酒基酒产量。而迎宾酒因为是用茅台丢糟再次取酒而得，相当于第8次取酒，所以它的产量可以近似地用同年茅台基酒产量(经7次取酒的量)除以7的平均数进行估算，不会太准确，但也错不到哪儿去。

以2010年为例，财务报告中披露"2010年，公司共生产茅台酒及系列产品32 611.75吨"，2010年与2009年王子酒基酒累计数相减，得出2010年王子酒基酒产量为1 747吨，已知2010年茅台基酒产量为26 284吨(如果不知道这个数字就需要逆推了)，迎宾酒的产量为3 755吨(26 284÷7)。

32 611－1 747－26 284－3 755＝825(吨)。这剩下的825吨除了计算误差外，只怕就是其他系列酒了。这证明，这种算法的误差还在可以接受的范围。

成品酒产量，成品酒产量可以分为报表产量和真实产量。

报表产量，是在报表上体现的产量，包括报表销量加(减)库存增减量。在尽产尽销的情况下，报表产量会与真实销量非常接近。因此，可以把它作为测算真实销量的一个重要依据。起初我是用一套简易进销存系统对这个数据进行测算，经过几年的数据积累后发现，其实没有必要这么麻烦。财务报告中的"库存商品以实际成本计价，按移动加权平均法结转销售成本"，这个注解给人的感觉是，"库存商品"与"营业成本"的统计口径并不完全吻合，但根据多年的跟踪，发现出入并不大。母公司报表与合并报表中营业成本差额往往和销售公司库存波动相一致，也从侧面证明了这一点。于是，库存商品增(减)量占当期合并报表营业成本的比例，便可理解为当期产量超过(不足)当期销量的比例。这样，如果知道当年的报表销售量，则可以轻松地计算出当年的报表产量，即使不知道销量，也可以算出一个产销率了。以2010年为例，当年商品库存增加1.627亿元(如果当年营业成本增幅较大则需对这个增量按营业成本增幅进行调整)，营业成本10.529亿元，产销率＝10.529/(10.529＋1.627)＝86.6%，已知2010年茅台报表销量为10 141吨，则可以近似地算出报表产量为1.17万吨。在尽产尽销的情况下，真实销量也会很接近这个数字。

真实产量，为什么还会有一个真实产量呢？因为报表产量是以装瓶为界，所有工序都已经完成，只要还没有装瓶，就只是自制半成品，而不能计入报表产量。而这些酒，却是实实在在的茅台成品酒，只要需要，一个下午就可以完成装瓶、发货、开票的所有流程，然后，它的小名就改为销售量了。因此，真实产量，是应该包括这些酒的。

从基酒产量到成品酒产量

基酒产量形成在报表上显示“生产茅台酒×××吨”。

这些基酒经存贮一年后，有一次“盘勾”，就是按照酱香、醇甜、窖底三种味道并坛。并坛后再经两年存贮，然后勾兑。勾兑后再封存一年，稳定酒体(低度酒为半年)，然后检验装瓶，便是成品酒了。从基酒产量形成，到成品酒，理论上最少需要4年(而不是5年，因为前面基酒形成已经用了1年多)。

由基酒到成品酒历时4年，但大家都会发现，在这4年中，成品酒数量与4年前的基酒数量相比总是会少许多。至于为什么少，无非是几种可能，自身损耗、检验不合格、老酒留存。对于这几种情况的比例市场有不少说法，基本是靠猜，因为涉及公司商业机密，公司不仅不提供，还经常打一些马虎眼，设置一些障碍。我更是无从知晓，所以也只能是跟着猜。以下是一位资深行业调研员对这一问题的表述：

“在贵州茅台生产的酒中，经过4年的存储有8%左右的蒸发，有5%的不合格酒，另外勾兑、包装过程中还有一定的损耗，估计有15%的总损耗，另外有20%的酒被储存起来做老酒，这样最后可以用于销售的普通茅台酒大约相当于产量的65%。”

15%的总损耗，无论从哪个角度猜，都是过高了，不过我也没有一手资料，因此不对这个数字做过多评论。姑且信之。我要说的是老酒。为什么要储存这么多老酒？因为无论是普通茅台酒还是年份酒，勾兑成品时都必须勾入一定比例的老酒。普茅的老酒占比原先是15%，但2003年中报中提到“根据茅台酒勾兑要求对老酒用量进行了调整，一定程度上增加了成本支出”，说明后来的老酒比例比15%还要高，咱们就假设是20%(其实百分之多少并不重要，重要的是这部分怎么可以不算呢)。那么按照这位研究员的算法，65%的新基酒按8∶2比例配入老酒后可以用于销售的普通茅台酒大约相当于4年前茅台基酒产量的81.25%。而不是65%，很明显，茅台的出酒率被人为地做低了。

以上是我个人根据几年来对茅台的了解，对茅台涉及的一些基本概念的梳理。本人对造酒工艺了解有限，茅台上市时间也尚短，我的理解也不一定对，仅代表个人意见。希望各位高手多提宝贵意见，及时指正。子曰：“学，则不固……过，则无惮改。”当然，如果不打算持有茅台股票7年8年的，了解这些，是没必要的。

（写于2012年4月12日）

茅台发季报，我也来说说

贵州茅台发布的2012年一季报显示，在报告期内，公司实现营业收入60.15亿元，同比增长42.54%；实现归属于母公司所有者的净利润为29.69亿元，同比增长了57.60%。那些通俗指标我就不分析了，只说两个和“量”有关的项目。

第一个是库存。季报不给明细，只能看到销售公司成品库存达到创纪录的5.59亿元，当期增加1.07亿元，母公司与合并报表营业成本差额1.12亿元，两个数字间有不到5%的差距，还不算太大，可以基本理解为核算方式的细小差别造成的。值得注意的是，这个创纪录的销售公司库存所对应的预收款却距离峰值有些远。我们一般认为销售公司是没有真实库存的，所谓“销售公司库存”其实是已售待开发票部分。但这次不同，57.7亿元的预收款，扣除增值税后，按茅台91%以上的毛利率计算，怎么也覆盖不了价值5.59亿元的货。是不是茅台真的开始出现滞销了呢？现在下结论还早，暂且认为是在为直销店备货吧，待观察。本着我“只要有货，就是好事”的观点，预收款不去管，确认放量是重点。

第二个是报表销量。一季报营业收入同比增长42.5%；营业成本同比增长23%，与2011年四季度相比，营业收入增长26%，营业成本增长22%。毕竟其间没有正式调过价，再解释为单价和单位成本同时超大比例上升，是一定解释不通的。因此可以确认，是放量了。如果按比较正常的单位成本同比最大增幅6%测算，同比放量16%，平均单价同比上涨23%，当然我更倾向于认为单位成本增幅没有那么大，单价上升小于23%，即放量大于16%。与2011年四季度相比，按1%～2%单位成本增幅测算，平均单价环比上涨

4%~6%(也算说得过去,有人讲2011年四季度调过计划外价格,但这个区区4%~6%的涨幅,也证明所谓计划外批条和团购的部分似乎并没有近来传说中的那么大)。与2010年四季度相比(绝对涨价后与绝对涨价前),按12%单位成本增幅测算,平均单价上涨40%,也勉强说得过去。但如果说2011年单位成本涨幅比10%的水平高很多,那么这个平均单价上涨水平便解释不通了。2011年茅台高度酒报表内营业成本增幅是45.63%,如果单位成本增幅只有10%,大家可以自己算一算放量比例是多少。

另外,2012年4月25日茅台网站上发布的《打假维权产品相关信息》中提到53度茅台"通过国内经销商网络年销售量"为9 500吨,尽管说得很不详细,甚至没有讲这个数字是2011年实际还是2012年计划销量,不过没关系,反正2012年的增量是不通过经销商网络销售的。因此,从这个数据至少可以看出两点:(1)2011年的增量的确不少;(2)市场有关"计划外批条和团购量超过总量的70%"的传闻,真实性不大。

我一向的观点,季报水分大,参考而已。只能作为对2011年报一些测算的印证,不以此为准。究竟事情的真相如何?看吧!

(具体测算方法和依据请参考前文《茅台产量与销量相关概念梳理》。)

(写于2012年4月26日)

酒香也怕巷子深

今天收到了一张来自茅台的节日贺卡。时不时能收到来自茅台的祝福，这是以前想都不敢想的事情。茅台也开始注重客户关系管理了？

常有朋友问我，“茅台股票单价这么高，散户许多都买不起，为什么不拆细呢？”

“茅台酒为什么不在超市销售呢？”

“茅台酒为什么不扩大产量呢？”

“茅台酒为什么不多花点气力打假呢？”

我说：“原因只有一个，那就是茅台原本就没想让太多人上船，无论是酒，还是股票。”

在过去的那些年里，每当想到这些，都会使我这样的普通茅台消费者＋投资者＋铁粉产生怀疑，自己是不是在自作多情？茅台是否有一点在意我们？茅台的所谓“围墙”“护城河”究竟是阻挡竞争者的，还是用来阻挡消费者与投资者的？茅台酒的巷子，好深啊！

当记者问及季老，为什么茅台不对超市直接供货时，季老的回答竟然是“人家国外，名酒都是在专卖店卖，人家都不进超市”。这我就奇怪了，一直主张“让茅台成为老百姓的酒”“茅台不做奢侈品”的季老，所推崇和采用的为什么恰恰是境外奢侈品的营销模式呢？

茅台产量不足，是茅台无法大规模直供超市的重要原因之一。近年来，大超市经常性缺货，于是茅台的市场出现了一个奇怪的现象，那就是供需的缺口是依赖大量的假酒填平的。因此，打假力度一大，茅台价格便会疯狂上涨，打得越狠，涨得越快。真酒供应不足，于是假酒泛滥成灾，这已经成为有目共睹的事实，全国人民义愤填膺之时，茅台公司却再三“澄清”，茅台假酒，其实比例很低。这使得我这样有幸喝过些真茅台的人，不得不自问：“难道，真有许多口感如此之差的茅台酒？或者像我们这样小心了再小心，从来不敢贪图便宜的消费者，却还是难免屡屡遇到那个小比例？”

茅台对假酒的态度，很有点像微软对盗版软件的态度——“如果你一定要用盗版，也希望你用微软软件的盗版。”然而，所不同的是，盗版软件的使用者们，很清楚自己用的不是正版，自己所支付的价格，也相去甚远，茅台的假酒价格，却常常超过真酒。

那么茅台为什么不大幅扩产呢？回答是，茅台这么好的东西，每家过年时喝一点儿就成了。

但是偏有许多像我这样，甚至比我更过分的酒虫子，不是逢年过节也想喝两盅，那会不会造成许多人就没得喝了呢？（内疚中……）

当茅台因供应不足价格飞涨的时候，茅台公司采取的措施却是限价。市场经济这么多年了，难道还有人不明白？在供不应求时，限价等同于限制购买，结果是限价的那一年，茅台零售价创出了史上最大涨幅。唯一意外的是，出厂价并没有上涨。消费者和投资者们再次被嘲笑。

作为茅台的消费者，我不满意；作为茅台的投资者，我也不满意。但我仍旧喝着茅台酒，拿着茅台股票。或许我内心中一直期待着，茅台令我满意的那一天尽早到来。

再或许，这张小小的贺卡，就是那一切的开始？

（写于 2012 年 4 月 28 日）

我审茅台的“财务预算”

茅台的股东大会资料里果然有一份2012年的财务预算。记得以前，这个东西我是不看的。没看头。可是从2011年起，不一样了。数据很有嚼头，一看就不是乱写的。我有心把它重新梳理一下，但又怕今年流传出去，明年茅台就不给看了。怎么办呢？真是纠结。

算了，随便写写就是了，大家看懂了，笑一笑，过去；看不懂，千万不要外传。谢谢！

预算内容：

1. 营业收入：预计2012年度实现营业收入较上年同期增长51%左右，增长主要原因是销售的增加。

2. 营业成本：预计2012年度营业成本较上年同期增长32%左右，增长主要原因是公司产品销量增加及原辅料价格的上涨。

3. 营业税金及附加：预计2012年度营业税金及附加较上年同期增长28%左右，主要原因是销售收入增长。

4. 期间费用：(1)预计2012年度销售费用较上年同期增长28%左右，主要原因是公司加强了营销网络建设和广告费用的投入，巩固和拓展国内市场，积极参与国际市场竞争，加大对国内外市场的投入。(2)预计2012年度管理费用较上年度增长25%左右，主要原因是公司新扩建厂区环卫绿化费用、新增固定资产折旧、员工薪酬增加。

通俗财务指标我就不算了，大家都累。算点别人不关心的吧。

营业收入增长51%左右；营业成本增长32%左右。平均价格较平均单位成本多增长了14.4%。这个数据比2011年的时候看着舒服多了。2011

年1月1日出厂价提高24%,可是2011年的预算,平均价格增幅较平均单位成本增幅只多增长了7.4%。头大呀！一季报出来,4.6%！中报出来,二季度0.95?！我都快疯了！害得我怎么也算不出增量来！不仅当时没敢写点评,一年里还都在猜,是不是2011年的单位营业成本暴增！直到2012年一季报才真相大白！

先说营业成本:“预计2012年度营业成本较上年同期增长32%左右,增长主要原因是公司产品销量增加及原辅料价格的上涨。”

说得真清楚,量增,价格上涨,两块内容。从历史上看,茅台的单位成本增幅不超过10%,这样算来,报表销量增幅不低于20%。我简直怀疑这个1.32就是这么出来的。

同时我们发现,营业收入的上升,解释是“增长主要原因是销售的增加”,是量增?还是价增?没说。显然这个说法比成本增长的解释要含糊,说明何总监用词很考究。但是,我们相信茅台的收入和成本的匹配关系不会错,因此我们把增量20%代入“营业收入较上年同期增长51%左右”,得到的结论是,平均价格上升25.8%。奇怪了！2012年茅台没提过出厂价呀?没提过出厂价,平均价格却涨了这么多?我想不用我说,能坚持看到这个位置的朋友,大家都知道,这种平均价格的上升,原因会是什么。① 接着往下算。

“预计2012年度营业税金及附加较上年同期增长28%左右”理由是,“销售收入增长”。销售收入可是增加了51%左右呀?营业税金及附加不应该按同比例增长做预算吗?接着往下算。

这样算下来,“营业税金及附加”占营业收入的比例便由2011年的13.46%降到了11.4%,降了2个多百分点。我觉得除了消费税外,营业税及其他税种占比下降的可能性都不大,因此只有一种可能,那就是消费税所占比例由10%降到了8%,也就是说,加权平均单价上升了25%左右,这与前面所计算的平均价格上升25.8%正好吻合。由此我们基本可以判断,这份预

① 事后证明,出现这样的情况不是没有原因的:2012年9月,飞天茅台出厂价从619元提升到819元。

算，确实是在单位成本同比上升10%的假设下建立的，看起来，这几年茅台也的确面临成本上升的压力(怎么感觉有无数砖头向我飞来？躲一躲?)。

确认了10%单位成本上升的假设是正确的，就可以确认预算是按20%放量水平做出的，就可以确认25%平均价格上涨。我们可以再拿“2012年增量全部放在×××”的传言，对应目前263元普通茅台酒的消费税缴税基数，便可再次算出许多东西，便可再次确认20%的放量水平，计算正确(所谓619元的出厂价是含增值税的，扣税后是529元，263元基本就是它的50%，以它为基数按20%的比例缴纳消费税是2009年严格执行消费税征收后的标准，但业内除了茅台等极个别企业外，几乎全都无视这个规定。茅台则基本上每年消费税都是占营业收入的10%，非常规矩)。

2011年报发布时我们计算过，报表销量在1.3万吨左右，报表产量超过1.45万吨，而如果2012年报表销量同比增加20%，则达到1.56万吨，比2011年报表销量多2 600吨，但比2011年实际产量只多1 100吨，不难完成。而且，因为报表出来，还要涉及延迟确认的部分，所以比起这个预算，要复杂得多，实际价格涨幅也会比这个大。看起来，这个预算还有余量。

最后也说一下三项费用。茅台自上市以来，三项费用的年复合增长率是18%，这要是放在其他企业，也是挺惊人的，但很容易就被茅台的效益增长所淹没。特别是2011年、2012年这两年的业绩增长下，2011年三项费用只增长了11%，2012年即使增长25%或28%，也不多，两年平均下来，刚到历史水平。应该给茅台所有员工涨工资。从我的分红里出，哈哈!

(具体测算方法和历史数据请参考前文《茅台产量与销量相关概念梳理》《茅台发季报，我也来说说》。)

(写于2012年5月22日)

躺着的茅台为什么总能中枪？

要说茅台已经够低调了，可是这些年来，茅台好像一直生活在同行的炮轰和媒体的责难之中，似乎任何负面的东西，都可以被大家跟茅台扯上关系，进而被不停地炒作。甚至一不小心被搞不清的什么人给了个“奢侈品”的“荣誉”称号，也能成为大家对它攻击的理由。

就拿最近四川宜宾用“五粮液”重新命名机场的事来说，马上就有人说，茅台可以有一个茅台机场，五粮液为什么就不可以有一个五粮液机场？于是大家开始跟着起哄：那么西凤是不是也应该有一个西凤机场？二锅头是不是也应该有一个二锅头机场？使我感到好奇的是，“茅台”本身就是个地名，您几位起哄前，就没哪个想一想，您几位说的这几个东西，有哪个是地名？

2012 年 5 月，有消息称泸州老窖大幅下调销售任务，当日股价放量下跌 6.6%。

“老窖方面同意减少经销商的全年销售任务，国窖 1573 减少 1 500 吨，这对于市场的高预期算是较大的打击”，关于泸州老窖经销商减少国窖 1573 销售任务的消息在业内迅速传开，公司股价随之大幅下挫，收盘时下跌 6.58%，创出年内最大单日跌幅。当日，茅台也跌了 4.44%以上，下跌了 10 元！市场好像完全忘记了几天前茅台公布的全年 51%(有整有零，真好)的销售增长目标。

人家老窖下调销售任务，关茅台什么事？这样也能中枪？

如果我记得没错，2011 年 12 月泸州老窖刚把国窖 1573 的出厂价大幅上调。如今的举措，难不成就是传说中的“控量保价”？

2012 年的经济前景不好是注定了。经济不好，高端白酒消费就必然受影响。过去的两年里，茅台产量不足，不仅把迅速扩大的高端白酒市场白白拱手相让，同时也造成包括茅台酒在内的高端白酒价格的大幅上涨。到2011年底时，茅台的零售价格已经普遍站在了2 200元以上，最低的市场价格也要超过2 000元。结果市场上骂声一片。然而在泸州老窖2011年12月把国窖1573出厂价提高到889元/瓶，终端指导价提高到1 389元/瓶之后，茅台也并未按市场预期在2012年1月1日提高出厂价，它不仅维持了619元的出厂价，更是把它的自营店价格定在了低于市场终端价格500元以上的1 519元，这无疑使春节后开始不景气的高端白酒市场雪上加霜。1 519元的茅台和1 389元的老窖，你让消费者们怎么选？你让同行们情何以堪？显然茅台在定价时没有想那么多，酒价涨太快了，抑制一下呗，难道白酒价格只可以涨上去，就不可以再调下来？再说了，当初定这个事的时候，发改委还不停地约谈，防止经济过热呢，谁能知道，这才几天呀，就不景气了？

一旦经济不景气，市场萎缩，其他行业一般会急于压低价格抛售库存，一方面避免库存商品的贬值，同时也是为了回收资金。白酒企业的反应不同，它们往往是减少销量以保证价格的坚挺。谁让咱们这个行业的库存是越放越值钱呢？谁让咱们这个行业不差钱呢？

我说过，酒是这个世界上为数不多的，放在那里，它的自身价值(不是指价格)便会不断增长的商品(石油也是，不过它的周期太长了，据说要几百万年，一般人等不了)。酒的这种特质，使约翰·雷姆赛·麦克库洛赫和斯图亚特·穆勒无法让李嘉图经济学自圆其说。这甚至被许多经济学派认为是“李嘉图学派瓦解的原因”。

如果新酒放在那里陈化的过程中所生产出来的价值，高于销售新酒所得货币在同样的时间下的产出，那么从股东和企业经营者的角度看，应该怎样做呢？这或许就是白酒企业在市场下滑时喜欢囤积库存的原因吧？这才是明智的选择。2009～2010年所有白酒企业都业绩大增，靠的就是2008年低迷时囤下的库存。只有茅台，2008年居然放量?！搞得自己旺季来了的时候，无酒可卖，业绩叫那个惨！如今还不接受教训？

如此看来，茅台就是这个行业中的“另类”，甚至应该说是“败类”！放着2 000元以上不卖，要卖1 519元；高端白酒市场大好时，既不放量又不涨价，偏要在市场下滑时放量。不要跟我说“产不出来”，不过就是少陈化两年嘛，有几个能喝得出来？就算是有喝出来的，又怎么样？反正还是供不应求。有的白酒厂弄个漂亮瓶子，随便从外面买点食用酒精一兑，都卖得那么好；还有的成立两三年的厂子都能有30年年份酒卖，你怕什么？退一万步说，就算是茅台当初守着自己的原则“不挖老窖，不卖新酒”，今天酒出来了，也可以守着2 000元的价格，能卖多少卖多少，卖不掉的就存着，等经济复苏了，当年份酒卖，只会使公司赚得更多。为什么要将价格定在1 519元，便宜喝酒的人呢？茅台好像完全没有这些概念，完全地我行我素。

从这一个问题上就可以看得出，茅台在处理日常事务上，很没有“大局”观，仗着自己酒好，还抱着块“国酒”的金字招牌，完全不把兄弟公司的利益放在心上。这样下去，可以想象，不久的将来，它会再次遭到炮轰的。这或许就是机构争相逃命的原因？

相声演员郭德纲常挂在嘴边的两句话，一句是“走自己的路，让别人无路可走”，另一句是“相声这个行业不好干，说得不好，观众们骂街；说得好了，同行骂街”。要我说，这两句话用在茅台身上再贴切不过，你只顾着低头走自己的路，搞得别人无路可走，你干得越好，不就越招同行骂街吗？哪个行业又不是这样呢？这怎么能怪同行呢？

茅台除了酿酒外，考虑的东西确实太少了。想在这个社会生存下来，就要学会迎合，不是迎合某个人，而是迎合这个社会。可是，往往你迎合了这边，就会招致那边的不满，而且整天光顾着去迎合，还会有心思放在酿酒上吗？有时候我就在想，为什么我们这个社会，不能为了给自己、给自己的后代子孙保留一点好东西，宽容一下这些不懂得迎合的“茅台们”？

（写于2012年5月26日）

习酒注入茅台，利弊都要考虑

以前在东财网股吧的时候我就常讲，习酒是好东西，放在茅台里，可惜了。

从资金运用的角度，茅台的资金运用上策是扩产，中策是回购，下策是分红。收购习酒排下来，只能算是下下策了，仅比资金闲置好一点。扩产可以使资金直接进入高回报的茅台，而收购哪怕是比茅台差许多的酒，也不可能按净资产或重置成本给你(这已经不是20年前了)；回购的意义自不用我说，巴菲特的粉丝们已经倒背如流了；分红要缴税，可是即使缴过了税，回过头来买茅台股票，买的也是生产毛利90%以上产品的企业。我手里没数据，有谁能告诉我，习酒的毛利有多少？

除了资金运用效率上的考虑外，把习酒注入茅台还会有其他副作用，单独上市却有极大的好处。

由于历史原因，原本生产酱香酒的习酒厂，却不得不改做浓香。如今即使回归酱香，怎么处理手里的这些浓香？一并放入股份？于是从此便有了“茅台股份也做浓香”的说法，你爱听吗？反正我不爱听！

打个或许不太恰当的比方，做茅台久一点的人或许还记得，当初微硬盘甚嚣尘上的时候，你是希望把它放入股份，还是希望把它扔到一边去？我记得当时确实是有不少“茅台投资者”极为热衷于把它放入茅台股份的，不知道这些人现在都在做些什么？

不要只看到习酒注入茅台可以给茅台带来的短期收益，却看不到单独上市的好处。上市是一个免费的广告，习酒的单独上市可以大幅提高市场对酱香酒的认知度，这是注入茅台所无法比拟的。习酒如果能打开局面，对汉酱酒和仁酒甚至是茅台都只有好处而没有坏处。至于说到对原客户群的分流，注入茅台就不分流原客户群了吗？所差的只是拓展新客户的能力。中低端酒的酱香比例和高端的酱香比例怎么比？中低端酱香酒中的茅系比例与高端酱香酒的茅系比例又怎么比？茅台的护城河圈住的只是高端，中低端全在茅台的护城河之外。在中低端，别说护城河，就是道篱笆，茅台都恨不得拆了它！把这两个市场混同运作，能有什么好处？多的恐怕只能是顾忌。当初郎酒的实例已经证明了，把酱香在中国白酒的比例提高一倍，并不是什么难事(现在不也就刚10%吗?)。茅台自己守住护城河无疑是正确的，但让自己的小兄弟们也都放着护城河外的广大地盘不去理，守着这个护城河足不出户，实非明智之举。酱香的地盘大了，你怕茅系分不到一杯羹？甚至何止是分一杯羹？相反，你不给习酒这个机会，其实是大家的损失。所以，习酒可比“茅台习酒”杀伤力大多了！我若是刘邦，我也一定会说：“大丈夫要封就封真王，封什么假王?”

至于说到竞争，你怕吗？这个世界的法则便是竞争无处不在，尽管狮子捕杀羚羊是上天赐予狮子的“护城河”，但是，当跑得最快的狮子也追不上跑得最慢的羚羊时，被灭绝的种群一定不会是羚羊，而是拥有“护城河”的狮子。所以在这个世界上，即使你是狮子，也要不停地跑，而不是对别人说，过去我也跑过，甚至是，我的祖辈曾经跑得很好！这就是竞争！

但你会因为怕跑不过羚羊而选择不再做狮子吗?

茅台就是我心目中不停奔跑的狮子，如果说狮子也有需要向羚羊学习的东西，那一定是奔跑，而不是吃草。狮子不去追羚羊是懒惰，追上去跟羚羊抢草吃，是堕落。如果连一个浓、酱混合的习酒都怕，都想收入囊中，这样的茅台你还会去投资吗?

孟子说过一句话，“入则无法家拂士，出则无敌国外患者，国恒亡。然后知，生于忧患，而死于安乐也”。

如果茅台不是市场化了，如果不是当初来自酒鬼的竞争，它甚至不会想到白酒可以卖到这个价格，甚至不会想到也要去上市。没有来自五粮液多年不断的压力，以它的不思进取，产量会有今天的扩张速度？就拿茅台不老酒来说吧，搞了那么多年，也不像样子，五粮液推出了个黄金酒，靠捡漏就养活了一个白金酒；五粮液十年磨一剑，推出了一个“永福酱酒”顺便也就促销了一个汉酱……

拉郎配的王子酒、下脚料的迎宾酒那许多年不死不活，近年来多了一个竞争对手郎酒，反倒被搅得看出了几分声色。那几年，郎酒就是酱香酒的急先锋，它每一分钱的投入，都在提升着国人对酱香酒的认同。以它的营销水准而言，王子酒、迎宾酒的推广，简直就是垃圾，没有郎酒在前面开路，它们可能早就自生自灭了。与它们相比，我宁可选择“神采飞扬中国郎”。毕竟这个档次的酒，宣传是极重要的。然而怎么样？这两年王子酒还不是很快就跟上来了？没有别的原因，喝酱香的人多了，大家的机会就都多了。郎酒抢的不是你王子酒的市场，靠王子酒？那些人只怕还在喝浓香呢！没有竞争，就没有茅台过去的成功，同样，没有竞争，也就没有茅台的未来。

总之，“护城河”只能用于高端酒，中低端酒拼的是广告，是消耗战，试图在这里靠“护城河”活着，是相当危险的。广告战茅台肯定不占便宜，这就注定了茅台在这个领域最佳的角色只能是追随者而不是领跑者。习酒却不一样，这两年，很有点领跑者的范儿，因此必须把它放出去。习酒就好比是炮兵，汉酱、仁酒是骑兵，茅台是步兵，炮兵轰，骑兵冲，炮兵再轰，骑兵再冲，既有竞争又有协同，无坚不摧，还少了好多后顾之忧。你目前只有中低端市场千分级的市场占有率，即便是炮兵闭着眼开炮，还怕炸到自己吗？一旦把酱香的市场轰开了，你还怕大家不认茅系吗？相反，你非把炮兵、骑兵都圈在步兵的“护城河”里，你觉得他们还会想冲吗？况且，即使他们想冲，作为茅台的小股东，你就不怕，万一失败了，谁埋单的问题？

大家都知道，我是极其看好茅台的，但我从来没有看好过茅台公司的营销能力。它一直是被动地被这个高速发展的市场和竞争对手们推着走，然而，这丝毫也不影响我目前满仓加透支持有茅台一只股票。当季老先生几年前声称要把茅台打造成老百姓喝得起的酒时，我在说一句“祝他成功”的同时，不禁窃笑："如果他老人家真成功了，茅台酒的销量将是惊人的；如果不幸他失败了，茅台酒的价格将是惊人的。"结果，经过茅台几年的不懈努力，茅台酒的销量和价格，都是惊人的。这就是我所知道的茅台。许多茅台的投资者都是在抛弃了许多聪明公司之后，买入茅台这个傻瓜公司的。而在中国股市短短的二十多年中，不知道有多少聪明公司随风而去了，多少聪明的投资者血本无回。却偏偏是那些对茅台不离不弃的傻瓜们收益颇丰。我有什么理由，希望掉在地上的两捆草改变这一切呢？如果哪一天，茅台变得聪明到连掉在地上的几捆草都想捡的时候，或许就是我要离开茅台的时候了。

或许有的时候，多一个竞争对手，好过多捡几捆伸手可及的草！

（写于 2012 年 5 月 30 日）

与某新浪大V关于茅台酒的雪球问答

（根据2012年7月2日某新浪大V关于白酒末路的雪球访谈内容整理）

有智思有财：

面对1 000万吨的白酒产量，我真的曾经担心过，但拜读过某新浪大V的大作后，我彻底放心了。谢谢。

为了进一步坚定我的信心，以下有几个问题请该大V回答一下：

你说："2001年，茅台酒出厂价只有155元。"

那么请问，按照相同的统计口径，现在茅台酒的出厂价是多少元？

某新浪大V：

茅台目前的出厂价比较低，不到700元，而市场零售价在1 500元以上。这中间的差价，主要被经销商赚去了。最近，茅台开直营店，会有效提高其销售单价，使得它在销量不增的情况下利润继续增长。这就是其股票在250元一带看起来仍有安全边际的原因。问题不在于此，而在于它的成长性。市场给它现在的估值，隐含了对未来的业绩增长的预期。

有智思有财回复@某新浪大V：

"茅台目前的出厂价比较低，不到700元？"

这个说法，有点儿搞笑吧？如果我要是品评一个行业，这些基本的东西，我会先搞清楚的。

你说"2001年，茅台酒出厂价只有155元"。

按照相同的统计口径，现在茅台酒的出厂价是529元。而且155元是2001年8月之前的价格，8月10日后的相同统计口径下的价格，是186元。

这样算下来，从2001年到今天，11年来，茅台出厂价只涨了1.8倍。这足以证明，茅台11年来取得的成绩，涨价只占了一个很小的比例。那么你后面所讲“而今天，茅台酒的市场价一度接近2 000元，虽然最近有所回落，但仍保持在1 500元以上，相当于11年时间价格上涨了10倍”，你的这个统计口径，调整的幅度是不是有点大？还或者是在故意偷换概念？

有智思有财对@某新浪大V说：

你说“按说白酒属于消费品，按照经济学基本原理，消费永远只会与收入挂钩”。

我不知道你所说的“经济学基本原理”是指什么，我学的是马克思主义经济学基本原理，马克思告诉大家：“社会消费力既不是取决于绝对的生产力，也不是取决于绝对的消费力，而是取决于以对抗性的分配关系为基础的消费力；这种分配关系，使社会上大多数人的消费缩小到只能在相当狭小的范围内变动的最低限度。”

那么结合你后面所说，显然证明“社会消费力”与“缩小到只能在相当狭小的范围内以最低限度变动”的“社会上大多数人的消费力”挂不上钩的问题上，显然马克思的观点比你鲜明，层次逻辑比你清楚。

你的“白酒辉煌的原因不就一清二楚了吗？……与居民收入的增长没什么关系”的结论，确实与马克思的经济学理论相符合，但与你最初所说“按照经济学基本原理，消费永远只会与收入挂钩”相对照，是否存在偷换概念呢？

最重要的是，这与“白酒末路”是什么关系呢？

也就是说，居民应有的白酒消费能力，在过去的十年里，因为其收入被“缩小到只能在相当狭小的范围内以最低限度变动”，而被雪藏了。那么根据你的论述，我自然而然地便会得出，如果一旦居民收入增加，被雪藏的消费能力便会爆发出来，白酒行业前途无量。但回过头来看时，却发现，你的结论是相反的?! 为什么？因为大家还都没有穿上鞋，所以鞋在走入末路？还是因为你自己不喝酒，所以别人便也不可以喝酒？或者是“看空茅台，还需要理由吗？”

某新浪大V：

你说的是被雪藏的消费能力，我说的是消费能力不足。消费能力之所以不足，是因为收入增长缓慢。是收入增长制约了消费增长。

有智思有财回复@某新浪大V：

那你觉得是应该提高“收入增长”呢？还是应该去打击消费呢？谁等谁更合理呢？

某新浪大V回复@有智思有财：

当然是收入增长优先。我说的白酒股末路，也并不是打击消费。如果限制腐败消费是打击消费，那还是应该打击的。

有智思有财回复@某新浪大V：

为什么一说到消费，就要拉上腐败呢？中国人，命中真的注定了，不腐败，就永远不能消费了？

对中国这样一个历史上经常有人吃不饱肚子的国家而言，用粮食去酿酒，从来都是一件很奢侈的事情。改革开放前，我这样的人是绝对喝不起茅台酒的，即便喝得起，去哪儿买呢？我没当过一天的公务员，如今就是一个小散，既不“权”更不“贵”，和您比，我就是一个“穷人”。然而，时至今日，像我这样的人，一年喝几瓶茅台酒，还是一件很困难的事情吗？

我喝的茅台酒，都是自己花钱买的，无论是独饮还是与朋友小酌，我丝毫不会因为它“太有面子”而影响我的享用。当然，如果可口可乐产自津巴布韦，我不知道巴菲特还会不会去喝，但茅台酒如果不是产自中国，它就是再好，像我这样的“狭隘的民族主义者”也一定是会选择二锅头的。

退一万步讲，即便茅台酒真的是权贵们独享之品，那么，当我们谴责那些大腹便便的权贵们，竟然去喝用宝贵的粮食所酿的酒时，我们这样的穷人所要考虑的，他们对这个社会唯一的贡献，便是他们在消费。而当我们企图用自己有限的资金参与分享他们这一消费所带来的经济利益时，却被人喝止了？请问理由是什么？

你可以讲，这个利益既然不是我们穷人的消费带来的，便不允许我们穷人分享，穷人们只能去买赚穷人钱的企业的股票，这样，我们穷人自然便无话可说了。但你欺骗我们说，赚有钱人钱的企业，便是末路；只有赚穷人钱的企业才不末路，对不起，我们不信！

如酒人生回复@有智思有财：

我辈自己花钱喝茅台，人家怎会相信？别人坚信：茅台从来不进寻常百姓家。

有智思有财：

大V的逻辑有问题。近十年来，的确是一些因素限制了各企业的盈利，限制了普通居民收入的增长，限制了大家的消费能力。而白酒的成绩也确实是在这种消费能力严重受限前提下创造的。除非你认为，下一个十年，消费受限会更严重，否则，白酒（仔细看，你就会发现，大V说的其实只是茅台）如何会末路呢？而如果大V的假设（下一个十年，消费受限会更严重）成立的话，末路的，又何止是白酒呢？

有智思有财回复@如酒人生：

“我没见过，那便一定是没有”这好像是专家们一向的思维模式，哎，说什么好呢？

某新浪大V：

如果认真反腐败，这些高端酒的销量下滑一半也是可以期待的。

有智思有财对@某新浪大V说：

茅台“下滑一半”是多少？2万吨吗？你讲“而茅台迄今每年销售量也不足4万吨——一个是为大众服务的低端品牌，一个是为权贵品鉴的高端品牌”,不好意思 ,我不知道你的这个迄今每年销售量“不足4万吨”是什么意思?茅台到2011年,年销售量也就1万吨出头。今年是4万吨?一年间由1万多吨到4万吨,那不是末路,而是高速路!

为什么这两年茅台的零售价格(注意,不是出厂价)飞涨?不就是因为至今为止,茅台只有1万多吨的销量吗?为什么它只有这么点销量?因为它只有这点产量。为什么它只有这点产量?始作俑者,不正是那些既不知道酒的销量,又不知道酒的价格,却不断向企业传递“白酒末路”的完全错误信息的专家们吗?凯恩斯论述“生产者预期”的时候,以专家的角度,反复去证明,长期而言,“生产者预期”一定是理性的。这不正是他所批判的“古典经济学家”们所一贯坚持的“经济人”假设吗?在我看来,这是他最终不愿脱离亚当·斯密—萨伊阵营最明显的证明。

而当专家们不似凯恩斯般神通时,在他们不断向生产者传递“白酒末路”这一错误信息的情况下,却要求生产者必须理性!必须做“经济人”!否则就要为自己因受到专家干扰,没有做出正确预期,从而造成产品产量不足,最终成为“权贵品鉴的高端品牌”而承担骂名!我真的不知道,这种对自己国家优秀企业、民族品牌的自虐,甚至是自残的心态,究竟来自何处。

有智思有财对@某新浪大V说:

而一个更可笑的观点,就是把白酒消费与这个拟合,与那个拟合。这就好像是说,小明兄弟三人,大哥叫大毛,二哥叫二毛,老三叫什么?叫三毛呀!

有点儿想当然吧?

今天甚嚣尘上的是“政府投资决定白酒消费论”,这使我想起来前几年的“酒驾决定白酒消费论”。

于是,可以得出结论,“哪天开始严查酒驾了,酒后驾车的少了,酒,就末路了”。不由得我不信,我更为相信的是,理论工作者们,为了白酒的末路,会一如既往地寻找着与白酒消费不靠谱的各种因素,不断拟合着。为什么要反复不停地使用这样的“小明叫三毛”的逻辑呢?没有酒后驾车的,酒怎么会卖得那么好？那么贵？不信你拟合一下这些年来中国汽车的销售量和白酒的消费量就很清晰了。于是得出结论，不开车，谁会喝酒呀？所以白酒消费是跟酒后驾车正相关的，这足以证明，酒后驾车的有多么多！“你看，天天报道有酒后驾车的……”

某新浪大V：

仁者见仁，智者见智。保持观点，等待未来吧。今天的交流很开心，再见！

（写于2012年8月30日）

唱空茅台的逻辑

茅台，无非就是一个可以保持 30%左右增长的企业。经济形势不好，差不到哪里去，经济形势好，也快不到哪里去。所以，任何时期，唱空茅台，都是不缺少理由的。总结起来，无非是两类逻辑：第一类，是认为这 30%的增长，太低了，茅台这么低的增长（才百分之三十几），凭什么居然有十几倍的市盈率？如果经济形势转好，茅台能跑得过那些周期股吗？另一类，正好相反，他们认为这 30%的增长太高了，茅台这么高的增长（居然高达百分之三十几）？如果经济形势不好，树难不成还能长到天上去？还拿不拿地心引力当回事了？

当然，这些都还是"逻辑"，而市场是没有逻辑的。因此，大家的真实想法是，嘴里说着"树长不到天上去"（百分之三十几的增长太高了），心里想的却是"茅台这么低的增长（才百分之三十几），凭什么居然有十几倍的市盈率？不信，你看那银行……"

更有强悍者，可以直接把这两个逻辑混同使用，就像他们把"市场上 90%的茅台都是假酒（别看它们跟真酒卖一个价）"与"茅台要是增加一点产量，必然卖不动"两大唱空逻辑混同使用一样。没说的，牛人，就是牛人。

总之，这 30%的增长，无论是高了，还是低了，都可以用来作为看空茅台的理由。未来如果是牛市，茅台必不能跑第一，是输家；同样，如果未来是熊市，茅台则很难保持 30%增长，还是输家。显然，你只要是拿了茅台，那你就输定了。那还需要"看"吗？直接"唱"就好了，更不要说是"理由"了。如果你对牛市充满憧憬，那么他们可以使用第一个逻辑；而如果你满足于这样的增长，他们可以使用第二个逻辑。于是，看空茅台，是不需要理由的；唱空茅台，是不需要看的。只有那3万多的傻瓜才会买茅台这样的股票。你是那“3万多的傻瓜”中的一个吗？如果是，请闭嘴。

以前听过一个笑话，有一妇人，总是不停地在一座庙前哭泣，一天，老和尚问她：“你为什么哭得这么伤心呀？”她说，“我大女儿卖布鞋，这连天下雨，我大女儿一双鞋都卖不出，我如何能不哭？”

老和尚觉得理由充分，逻辑清晰，不哭才怪。可是，转天，天晴了，又见到她在那里哭，老和尚不解道，“天晴了，你怎么还哭啊？”那妇人道：“我小女儿卖伞。这天晴了，我小女儿就一把伞也卖不出了，我如何能不哭呢？”理由同样充分，逻辑越发清晰。然而，既然无论下不下雨，她都能哭个稀里哗啦的，那么，她哭得越响，哭的理由越充分，逻辑越清晰，不就越说明，其实哭天抹泪的，是既不需要逻辑，又不需要理由的吗？那就哭吧，别憋出病来。

至于有的人说，现在投资茅台，不如2003年投资它“容易”。这个没办法，投资是吃不了“后悔药”的。你现在觉得那个时候，投资茅台很“容易”，其实包括我在内，许多在当时参与这个市场的人，都没投它。知道为什么吗？因为当时觉得投别的股票会更“容易”。所幸的是，当年我的确找到了几只比茅台容易得多的股票，所以后来我可以在高点结算成了茅台(所以我持有茅台的成本很高)。但许多人事实上并不如我幸运。而今天，在我观察，即使茅台在今后几年的增长会比当年差一些，想找到比茅台“容易”的股票，也已经比当年需要多得多的幸运了。因此，“容易”“难”，都是相对的。因人而异。

如果你是年轻人，是应该有一些进取之心的。如果你愿意使用第一种逻辑，我支持你，前提条件，是时刻提醒自己，是在与一个30%年增长的企业赛跑。但切记，不要把两个逻辑混同使用，如果你真的想找到一只在牛市里确定可以跑第一，同时在熊市里确定可以跑过30%的股票，只怕最终，就会像那个无知妇人，晴天也哭，雨天也哭了。

（写于2012年10月8日）

注册“国酒茅台”商标的第96条异议

2012年7月20日，国家工商总局商标局网公布商标初步审定公告，贵州茅台申请的“国酒茅台”商标通过初审。自那天起，“国酒茅台”注册商标进入3个月的公示期。公示期满后，有好事者在国家商标局网站查询发现，在3个月公示期内，针对“国酒茅台”4个不同图案的注册商标申请，社会各界共提交了95条异议，除了两条异议不予受理外，其中93条处于“待审”中。

另有分析人士称，这种状态极可能演变成一场持久战：首先商标局要对所有异议书进行审理，茅台给予答辩，最后由商标局给每一个异议人发出“异议是否成立”的书面裁定。异议的任何一方如对该裁定结果不满意，可以向商标评审委员会申请复审，复审后，还可再向北京市一中院提起诉讼，最后还可上诉到北京市高院做终审判决……

这几乎是我可以想象出的最好的结果，我希望这样的过程可以持续下去，10年，20年，甚至永久。

当初听说“国酒茅台商标通过初审”时我就说，“作为消费者，作为国民，我称茅台为‘国酒’可以，这是我的权益，但你工商局这么做，是对我的侵权 。这样做的结果，可能会使将来我对我的儿子、孙子说‘茅台是中国的国酒’的时候，他们便会说，‘什么国酒，不过就是个商标而已’”。这就是我对“国酒茅台”注册商标的异议，是不同于那其他95条异议的第96条异议。

在我看来，只要是没有被抢注的可能，并且工商部门有能力把那些什么“国这个”“国那个”的酒全部清理，茅台绝不应该去注册什么“国酒”商标。没有人有资格给茅台“注册国酒”。

可现在的情况，似乎并不是这样，除了我的这个第96条异议外，其他的

95条，所异议的多不是“国酒茅台”是否应该工商注册的问题，甚至不是茅台是否是“国酒”的问题，而是中国有没有资格有自己的国酒的问题。

之所以异议只能围绕中国可不可以有自己的国酒，并以什么“国烟”“国茶”“国糖”等子虚乌有的名号相抗辩的原因，大家是心照不宣的。因为从现在的情况看，如果承认了“国酒”的事实存在，那就等于承认了“国酒茅台”。

如果退让了这一步，而以“国酒是谁”的问题为异议，那么显然就要自以为有比茅台更有资格的酒可当此任。那么是哪种酒？怕只能是一些地方性酒厂虽市场范围仅限于一到两个省，仍执着而心虚地声称只有自己才有资格吧？却又如何能够取得95条异议中的另94条的认可呢？更何况，除此95条异议外，他人的异议权难道是可以剥夺的吗？以茅台的知名度和其在共和国历史上的作用所形成的巨大影响力，显然如果没有茅台，便根本没有“国酒”一说。因此不承认“国酒”的存在，远比否认“国酒茅台”容易许多。这一点，大家都是心知肚明的。如果茅台不是国酒，那么谁是？显然大家都没有资格了。宁可让大家都没有，也绝不能让某一家有，这就是95条异议共同的出发点。因此，并不存在茅台是否有资格的问题，而只能是中国有没有资格有自己的国酒的问题。理由是，既然中国没有“国烟”“国茶”“国糖”，怎么可以单独存在“国酒”？

作为一个中国人，同时又是茅台的消费者和投资者，我极不希望看到一个躺在“国酒”商标上睡大觉的茅台。一旦茅台的国酒商标注册成功，它能否仍旧像现在这样时刻保持警醒？永远把产品质量放在第一位？它是否能够明白，如果它失败了，不只是一个企业自身的失败，而是中国国酒的失败？而一旦茅台品质下降，商标注册的“国酒”必将逐步被消费者所淡化，“国酒”这两个字也必然会在中国人的心目中越来越模糊。如果有一天，我们的儿孙真的对我们说，“什么国酒，喝不出区别来，不过就是个商标”的时候，我们何言以对？

相反，如果我们可以把这样的百家争鸣般的“异议”局面维持下去，容忍这样的“异议”长期存在(尽管这些异议，不尽是出于公心)，茅台就必然会在异议声中，时刻清醒，不敢有丝毫松懈。经营方针也只能是把卖点放在酒的品质上，而不是什么终身名号上。在95家争鸣的监督之下，茅台只有让自己的品质变得更强，更好，才能赢得广大消费者的认可；才能无愧于广大消费者心目中的国酒称号；才能对那95条异议形成最有力的抗辩。而无休止地讨论“国酒”的问题，对茅台而言，也绝不是坏事。在提出异议、答辩异议的过程中，国人对“国酒”的概念，必将在异议中不断强化，“中国，确实有国酒，也确实应该有属于自己的国酒”的理念将进一步深入人心，并与那些自我标榜为“最接近国际通行口感的酒”形成鲜明对比。与其茅台一家在讲“国酒茅台”，效果远不如大家一起强化“国酒”……

在许多人看来，只要把“国酒”与“茅台”强行分割开来，就能降低茅台的影响；而对于茅台而言，只要保证自己最有能力承担“国酒”的重任，国人不断强化“国酒”两个字，就已经形成了相对“无国酒主义”的抗争力。至于“国酒”是谁？那还用问吗？

（写于2012年10月23日）

说说茅台预收款下滑

2012年茅台出中报时,我没有写点评,而是转载了一下叶资本(网名“中国资本市场”)的《贵州茅台2012年中报释疑》。一方面是手懒了,最主要的还是习惯了报喜不报忧的风格,对于这种公认不尽如人意的报表,分析起来估计难以像资本兄般客观,因为怕误导了大家,所以干脆闭嘴了事。

三季报出来后,看了看,水有点深,不太好写,原本也是打算不写什么了,可是这几天看到各媒体不断出现一些不靠谱的评论,就忍不住还是想说两句。

这份报表看不懂本也不奇怪,如果你坚信一个企业的报表让你看不懂,那必有它不想让你看懂的原因,并把它作为你远离这家企业的理由,我想这个理由是充分的。但如果想懂,其实也并不难。就像歌词里唱的:

成和败努力尝试
人若有志应该不怕迟
谁人在我未为意
成就靠真本事
做个真的汉子
承担起苦痛跟失意
投入要我愿意
全力干要干的事
谁用敌意扮诚意
行动算了不必多砌词……

听过歌,我们回到茅台三季报。

深的东西我还是不说了，大家都烦。但是我觉得，有一些比较基础的概念，还是有必要聊上一两句的。比如说，大家近来很关注的这个“预收账款”问题。

不知从什么时候起，大家对白酒股报表中的预收账款的关注度，远超过了包括销售收入和利润在内的所有财务指标。这本身就是一件很奇怪的事。几年来，我不断地讲，茅台这种股票，你关注的应该是实际销量和可销售产品数量，而不是预收款。跟踪茅台的时间够久，你就能明白，预收款那东西有什么用？当市场不景气时，即使收了预收款，为了怕冲击市场，也是不敢发货的；而当市场火爆时，公司尽产尽销，你就是再收它几千亿元预收款，也只不过是一笔无息债务而已。没货给人家，或是有货不敢给人家，它都是永远无法转化为销售收入的。因此，无论市场好还是不好，它都没用。而茅台的预收款除了包括真实的预收账款和已销售未确认的销售收入外，其实还包括其他许多因素，有多重含义，与其他几个指标相互影响，共同决定着茅台的真实业绩完成情况。单看一张合并报表的预收账款金额变动，就敢判断这个那个的，是不是觉得股票也太好做了？

叶资本兄也提到过多次，从 2011 年开始“公司改变了预收账款政策，不再要求经销商积极打款。这样，预收账款这个财务指标可以说已经不重要了，做一般参考即可”。而市场似乎还是比较执着的，大家普遍把预收款下降，不停地当作一件事情来说。

知道我怎么看吗？茅台预收款下降，好事儿。（因此我说，大家想看客观分析的，看叶资本兄的文章就好了，我写出的茅台分析，永远是这一副“死多头”的腔调。）

茅台的预收款是什么？是从它的经销商那里拿来的一笔预付的货款，经销商是需要为其付出高成本的，甚至可能是来自于高利贷的。这东西大大削弱了经销商的采购能力、获利能力和对出厂价格的承受力。而经销商付出如此大的代价，茅台得到什么好处了呢？却是这些钱，趴在茅台的账上，拿一个活期利息！这完全不是帕累托的方向！按照制度经济学的理论，显然是交易成本过高和市场效率过低的表现。说白了，是计划经济的结果。也确实如此。茅台要是早点提高出厂价，预收款也早就降下来了，酒的终端价格也早就降下来了。其实我很吃惊，这么不上算的事，茅台怎么才明白过来？账上堆了100多亿元现金，投出去有风险，留在账上没收益，借给经销商拿自己的货，似乎倒是一个不错的选择。但如果那样做，你预收人家这个钱干什么呢？还凭空增加自己的财务风险。

最主要的是，你有那么多货吗？显然，如此伤不起的事情，茅台的经销商们却乐此不疲，原因也正在于此。

一个不需要钱，甚至钱多得都成了负担的企业，却抱着一种不拿白不拿的心态，收了人家那么多预收款，其实质是在低价卖出了大量的茅台酒期权，拿到这些期权的经销商，不炒高你的终端价，等什么？说白了，人家手里的货(权)比你多！

这实际上，已经超出正常的预收、预付的范畴了。它的实质是一种“对赌”。这种玩法，景气度高的时候也就罢了，如今市场这样低迷，酒厂与经销商同舟共济才是。经销商当然明白，跟酒厂对赌酒价，是把自己往死里玩。而在市场经济中，即使是最强势的厂家(比如说可以强到中央银行的规格)，在价格与供应量之间，也只能控制其中之一。既然你要制定价格，没的说，就要按这个价格的市场需求数量提供产品。如果市场需求不足，可以控量保价，但如果没那么多货怎么办？卖期权呗！结果，仍旧是对赌。弱市里，这是在玩火。

当然，作为一个小散，这些东西，无非是随便聊聊了。

好像又跑题了？回来！接着说茅台三季报。截至三季报茅台合并报表中预收款为37.5亿元，少吗？首先从绝对数字上讲，它相当于2011年三季报全季的营业收入，即使跟2012年第三季度的营业收入相比，也超过了一半。如果是作为预收货款，实在是不少了。接下来，我们不妨把2011年第三季度的营业收入＋预收款变化与2012年第三季的数据再做一下比较。2011年第三季度，单季完成营业收入38.2亿元，算上增值税，共计44.7亿元。当季增加预收款18.8亿元，二者相加为63.5亿元。2012年第三季度，单季完成营业收入66.7亿元，算上增值税，共计78亿元。当季减少预收款3亿元，二者相抵为75亿元，比2011年同期高18%。我们首先假设这些预收款都是会计意义上真实的预收货款，那么这个18%的增长比例是不是像许多人说的那样，太低了呢？这个我前面讲过了，2011年我收了人家63.5亿元，却只有44.7亿元的货可以给人家，欠人家那么多的货，尽管我很得意，但我所得到的唯一好处就是活期利息。而且，我放空的这些期权，如果遭到那群“死多头”的经销商逼空，而我既吓唬不住这些经销商，又无法说服“婆婆”允许我调整合约价格，会不会让我很难看？（当然后来茅台耍了一个还算漂亮的花招，才使事情没有完全失控。）而2012年我虽然也只是收了人家75亿元，却有能力给了人家78亿元的货，同比增加74.5%（补了一些欠货，没法子，出来混，总是要还的）。那么应当怎样评价我这两年的销售业绩呢？是不是非要按2011年同样的比例，多收人家那么多钱，然后毫无用处地放在账上拿活期利息才算是业绩大幅增长呢？究竟应该看企业卖的现货数量呢，还是期权的成交额呢？究竟哪个是透支业绩呢？道理本不复杂，复杂的只是人心。当然，茅台的情况，除了我前面说的这些，也确实还有比较复杂的一面。许多资深分析人士喜欢抓住茅台预收账款不放的原因，在于他们并不把账面上的预收款当作真实的预收货款，而认为是一种延迟确认销售收入的方式。那么，我不得不说，延迟确认销售收入的方法很多，用合并报表预收款只不过是其中之一罢了。这一项被大家看穿了，换一个玩法就是了，只是估计大家需要适应一段时间了。

当然，唱空茅台是不需要了解这些的，随便编个曲子，管它靠不靠谱，唱就是了。

（写于2012年11月4日）

“酒鬼”归类　非醉勿扰

求名的：

古来圣贤皆寂寞，惟有饮者留其名。

无病呻吟的：

对酒当歌，人生几何？譬如朝露，去日苦多。

五花马，千金裘，呼儿将出换美酒，与尔同销万古愁。

求成仁的：

不惜千金买宝刀，貂裘换酒也堪豪。一腔热血勤珍重，洒去犹能化碧涛。

求天气预报的：

明月几时有？把酒问青天。

治失眠的：

浓睡不消残酒。

待客的：

朋友来了有好酒，若是那豺狼来了，迎接它的有猎枪！

装君子的：

君子无所争。必也射乎！揖让而升，下而饮。其争也君子。

耍酒疯的：

酒酣胸胆尚开张，鬓微霜，又何妨，持节云中，何日遣冯唐？会挽雕弓如满月，西北望，射天狼。

为自己喝酒找借口的：

天生男儿，以酒为命，妇人之言，切不可听。(连老婆都敢得罪？那的确可以多喝几杯了。)

天子呼来不上船，自称臣是酒中仙。(连皇帝老子都敢得罪？那还不就剩了喝酒了？)

劝君更尽一杯酒，西出阳关无故人。(以后没人罩着了，到时候哪个你都不敢得罪，还敢喝酒？)

求师问道的：

举杯邀明月，对影成三人。

作为拉黑理由的：

酒逢知己千杯少，话不投机半句多。

有病乱投医的：

“让我们用这‘万能良药’干杯。”(尼克松)

借酒赋诗的：

“不喝茅台酒，不吃武昌鱼，我是写不出诗来的。”(毛泽东)

认为喝酒可以帮助摆脱经济危机的：

1932年民主党人富兰克林·罗斯福竞选总统，把撤销祸国殃民的《禁酒令》作为其竞选的重要承诺和经济复苏的重要政策之一，并在他竞选获胜的第一时间兑现了他的承诺，成为罗斯福新政的第一项举措。

认为喝了酒，就能打胜仗的：

如果你们能告诉我是什么牌子，我将派人购买该牌子的酒10吨，送给那些没有打过胜仗的将军们，好让他们也像格兰特一样打几场胜仗！(林肯)

注：喝咖啡的李将军最终真的没能打过喝烈性酒的格兰特。

以上由有智思有财搜集整理，以下由华尔街518兄补充：

装英雄的：

把酒凌虚，叹滚滚英雄谁在？

回忆当年之勇的：

醉里挑灯看剑……

取暖的：

晚来天欲雪，能饮一杯无？

装醉的：

醉翁之意不在酒，在乎山水之间也。

为了喝酒而战斗的：

直捣黄龙，与诸君痛饮耳！

想家的：

明月楼高休独倚，酒入愁肠，化作相思泪。

浊酒一杯家万里，燕然未勒归无计，羌管悠悠霜满地。

喝醉了，找不着北的：

今宵酒醒何处 杨柳岸晓风残月。

整夜饮酒K歌的：

忆昔午桥桥上饮，坐中多是豪英。长沟流月去无声。

杏花疏影里，吹笛到天明。

醉倒在林子里的：

昨夜松边醉倒，问松“我醉何如”。

只疑松动要来扶，以手推松曰：“去！”

以为自己是最大的酿酒公司的：

把春波都酿作一江醇酎……

喝不动了，还想着要人家劝酒的：

宝镜难寻，碧云将暮，谁劝杯中绿……

没喝也装醉的：

年年雪里，常插梅花醉。

在做将军梦的：

休懊恼，且开怀。平生赢得笑颜开，三千里地无知己，十万军中挂印来……

以下是叶资本兄的补充：

酒色兼备型：

烟笼寒水月笼沙，夜泊秦淮近酒家。

意境优美型:

红泥小火炉,绿蚁新焙酒,晚来天欲雪,能饮一杯无?

热情好客型:

莫道农家腊酒浑,丰年留客足鸡豚。

性情少女型:

常记溪亭日暮,沉醉不知归路。

壮志未酬型:

醉里挑灯看剑,梦回吹角连营。

壮志已酬型:

白日放歌须纵酒,青春作伴好还乡。

顾影自怜型:

东篱把酒黄昏后,有暗香盈袖。

及时行乐型:

今朝有酒今朝醉,明日愁来明日愁。

酒肉穿肠型:

床头有酒须君醉,又废蒲团一夜禅。

借酒发骚型:

春城儿女纵春游,醉倚层台笑上楼。

寻花问柳型:

落花踏尽游何处,笑入胡姬酒肆中。

看破红尘型:

百事尽除去,唯余酒与诗。

自命清高型:

但愿老死花酒间,不愿鞠躬车马前。

深不见底型:

一举累十觞,十觞亦不醉。

老马失蹄型:

且就洞庭赊月色，将船买酒白云边。

叶资本兄总结：人生一世，无它，怀中物、杯中物，而已。

（写于2012年11月12日）

茅台酒1 519元的零售价格目前偏高

2007年6月21日，季老做客新华网时，就“茅台集团的创新与发展”等问题与广大网民进行了在线交流。当时季老提出：

茅台酒这几年的定价一直考虑落实保护消费者利益的问题。消费者有各种不同档次，具有各自不同的需求。但有两点是基本一致的，城市的消费者都希望买名牌，但是他买名牌的时候也希望价格合理；农民也要消费，他们买什么呢？他根据他的经济能力要买他喜欢的东西，价格合理的东西。

茅台酒这几年都很紧俏，因此经销商把价格提上来了，按照市场经济规律，经销商赚钱是合理的。但是茅台实行限价政策，零售价应该不超过多少，就是为了保护广大消费者的利益。茅台的定价原则：酒的价格一定要略低于国内最低工人工资标准。让收入最低的工人也可以买到茅台酒。

那么我们不妨以北京历年最低工资标准为参考，比对一下，近20年来，茅台酒零售价格的变化情况：

年份	最低工资标准(元)	茅台酒零售价格(元)
1994	210	238
1995	240	240
1996	270	280
1997	290	320
1998	310	300
1999	320	260
2000	400	200

续表

年份	最低工资标准(元)	茅台酒零售价格(元)
2001	412	260
2002	435	280
2003	465	300
2004	495	320
2005	545	350
2006	580	380
2007	640	570
2008	730	680
2009	800	838
2010	960	868
2011	1 160	2 300
2012	1 260	1 519
2013	1 400	1 519

由上表看出,大部分时间茅台酒价与最低工资同步上涨,其中,1998～2004 年进入白酒调整期,茅台酒价最低跌到 200 元后回升,2004 年回到 1997 年的高点,之后从 320 元重新起步,其间工资标准不停提升。

此外,20 世纪 80 年代茅台酒价格转轨,市场也曾发过小疯,由 20 世纪 80 年代初的 8 元的管制价格涨到 1988 年的 140 元(就如 2011 年个别地区最高价到过 2 600 元一样)。1988 年,当时城镇居民人均可支配收入是 1 119 元/年,按月均计算,就是 93 元。最低工资,想必就还要更低些了。结果 1989 年,茅台酒的零售价格开始下跌,正赶上其他一些极为不利的因素的影响,最低时据说酒价跌到过 75 元。1990 年市场零售价格回到 120 元。

不难发现,季老所说的定价原则,是正确的。每当茅台酒的市场零售价格高出了最低工资标准,都会引发一波调整。而市场零售价格回落后,随着人们工资水平的提高,需求提升的速度也是很快的。1989 年引发的调整用了

2年时间恢复；1998年的调整用了6年；而2009年的调整，几乎在不经意间就已经过去(也或许是分两次)了。

从这些历史数据上看，如果茅台目前的市场零售价格略低于当前北京最低工资标准(1 400元)，比如说，1 200～1 300元的样子，是比较有利于茅台酒的需求恢复的。但茅台尴尬的地方在于，2011年由于产量没能跟上消费的增长，由于无货可卖，限价的结果最终却是价格失控，零售价格一下涨到了2 300元，最高的地区竟然达到2 600元。因此，综合考虑才出了一个1 519元的限价(当时出的时候，是最高限价)。而如今下跌已经形成惯性，如果放弃这个1 519元的限价，只会加大价格波动，从而失去主动权。相反，如果顺势减少2013年的销量，增加库存，则可以保留未来价格再次上涨时调控的筹码。这对各方都是有好处的。

那就让茅台酒的价格在1 519元稳上几年，等中国人的收入水平提高了，用这些年减少的销量去再次抑制酒价的上涨吧。有多少人能明白，当你的产能增长速度长期低于需求增长速度时，抑制价格上涨，需要由抑制价格下跌开始？这才是真正的管理者应该做的事情。

(写于2013年2月2日)

茅台的 2013 年，是最困难的一年

说茅台完全不可以公款消费我不认同。国家一些高级别的外事活动、庆祝活动，如果需要白酒助兴的，刻意地上白开水、窝头反而假了。我想，这在大多数人眼里，也是可以理解的。但无论如何，2013 年将是茅台告别公款消费的一年，这已经是各方的共识了。从各方传来的信息，2013 年不仅是党政军部门取消了年终宴会，大一点的国企央企也纷纷取消了年会，简直是真正地将茅台的公务需求清了零。相信，它的影响将是深远的，这不是一天两天的事。

政府严禁公款大吃大喝，我并不吃惊，使我吃惊的是，竟然有那么多茅台的投资者，因此而甚感恐慌。看来太多的人是因为看好公款大吃大喝的前景，才买入茅台股票的。

2013 年，是那些人远离茅台股票的一年，就如同，2013 年是公款大吃大喝远离茅台酒的一年，是一样的。

然而要看到，正是 1984 年外交部明文规定“外事活动一律不再使用烈性酒”，才使茅台酒摆脱了 8 元的禁锢，却丝毫没有影响茅台国酒的地位，于是才有了茅台近 30 年的高速发展。在我看来，目前 1 519 元的茅台酒价，比当年的 8 元，不知道便宜了多少倍。

无疑，2013 年将是茅台近年来最困难的一年，减少的公款大吃大喝，在一年时间内，能否被民间消费增长完全补充？对于我来讲，也是一个未知数。这个困难究竟有多大？到年底的时候，我们也就知道了。

之前，茅台公司提出了(集团)2013 年销售收入增长 18%的目标。事实上，飞天要是飞不动了，集团那边估计会更难。因此集团如果要求增长 18%，

那么股份公司销售收入肯定要增长20%以上了。由于2013年茅台的出厂价同比上涨了30%多，因此我个人认为，这个目标还是有可能实现的。如果我们按茅台股份2013年销售收入增长20%多计算，就相当于销售量同比下降10%了。由于这个20%多增长是通过价升量减实现的，因此对应20%多的销售收入增长，净利润的增长就接近30%了。这样算下来，茅台2013年的每股净利润可以超过16元。

如果这个被塑化剂困扰的2013年，这个告别公款大吃大喝的2013年，这个最困难的2013年，这个全民都在跃跃欲试，渴望着酒价再多跌点，自己收入再多涨点，明天有能力腐败一下茅台酒的2013年，茅台业绩可以增长30%，每股净利润可以超过16元，那么它的股价应该是多少呢？

冷静，还是要冷静。关键的假设点是，茅台2013年的销售量比2012年究竟会下跌多少？10%？够不够？

这段时间，大家都在跑市场，在看茅台的真实销售情况。客观地讲，2013年的确比较差。往年都是断货的，即使有货，也是很离奇的价格，完全是一瓶难求的架势。的确，2013年差着了。断货的地方少了很多，有货的，价格下来了很多。可大家要认清，究竟哪种状态算是“正常”？难道2012年春节的那个神经兮兮的状态能算“正常”吗？没货可卖，你赚什么呢？

总有许多媒体讲，某个小专卖店或商场，茅台销量较2012年下降了一半，“断崖”了。但也有大经销商在讲，销售没什么困难。好像很矛盾？其实不是这个概念。

首先讲，这个现象肯定说明，2013年没有往年卖得好。但怎么样才算是卖得好？是300%的销量算卖得好，还是800%才算好？要知道，以前的几年，茅台大部分终端的大部分时间处于断货状态，即使有时拿到货，也不知道是7手还是8手的货。这是什么概念？就是把一个正常的销售量放大了数倍（被反复倒卖，茅台出厂量乘以一个周转次数，才是市场感受到的销售量）。每家都感觉自己进了许多货，又卖了很多货，其实不过是不断地重复交易而已，没办法，2012年619元的出厂价，2 300元的零售价，再多几层“中间商”，再多几倍交易量，大家仍旧感觉都有钱赚。就是这样，还仍旧有许多人拿不到货。2013 年不同了，茅台的价差，确实养不起这么多层“做量”的中间商了。而那些往年拿不到货的经销商，2013 年即使是只卖出了一瓶，增长也是无穷大的，那是否可以对记者们讲，2013 年的销售量和 2012 年相比，高得跟珠穆朗玛峰一样了呢？对于那些少数的往年能够在春节拿到二三手货的经销商而言，他们今年的销量或许的确是“断崖”了，但由于 2013 年可以拿到二三手货的人多了很多，总销量的变化究竟有多少，只怕完全凭感觉是不行的吧？

那么如果扣除中间反复销售后，茅台走量到什么程度才能不算“断崖”呢？

有一名做百事可乐经销的网友按百事的零售网点计算，认为茅台在全国可以覆盖 500 万个零售点。那么如果按 1.3 万吨的年产量，2 600 万瓶，每个零售网点一年平均是 5 瓶的量，根本不存在统计价值。

我觉得他可能是把所有的餐馆、商场、烟酒店和超市都算在内了。能有茅台卖的地方，肯定会比百事可乐少得多。所以茅台别说 500 万个零售点，只怕 100 万个都到不了。但如果你在北京的街头走一走，的确是几步就是一个酒水店、烟酒店，大小超市也很多，很多家餐馆酒水台也都会摆着茅台。因此也不能太低估这个量。咱们就按全国有 50 万家算，每家一年的平均销售量是 52 瓶(注意，是平均，我想中国的老百姓最能理解自己跟“平均”的差别)，那么你站在它门口，说一天也没见它卖出去一瓶，有意义吗？那么这 52 瓶酒，或许 2012 年是半天就卖掉了的，2013 年却用了整整半年，那的确，销得不是一般的差了，这样的下滑，难道还不够“断牙”吗？但这样的“断牙”，对茅台公司销量的影响会有多大呢？是否一定会超过 10%呢？只怕也不一定吧？难道只要没断货，便算是“断牙”了吗？那就往肚里咽吧。

（写于 2013 年 2 月 4 日）

处罚降价的经销商，究竟是在呵护谁？

有一句话，叫“怪事多了，常为怪”。如果一个资本家，规定工人工资不可以低于多少，否则工头将受到处罚，大家一定会觉得怪怪的。而如果资本家因为这个规定受到处罚，那简直就是天大的怪事了。

一名网友发给我一个电商的地址，我估计他是想说，茅台又降价了。我于是问他：“那个电商的酒，是自己酿的吗？”结果他就又给我发了一次那个地址，并再三保证，确实有这个地址存在。我真的无语了。

“那个电商的酒，是自己酿的吗？”这么简单的问题，竟然回答不上来，我还能说什么呢？

不过，谁又能回答得上来呢？

我只好按“是”和“不是”两种可能性分别讨论一下这种现象。

如果那个酒，是那家电商自己酿的，那么它的确会对茅台构成冲击，但这个冲击的力度，取决于它标的那个价格比茅台 819 元的出厂价低多少。如果比 819 元还高 50%？谈对茅台的冲击？疯了？

如果那个酒，不是它自己酿的，而是从茅台买的，那它不过就是一个给茅台酒厂打工的。819 元是茅台酒厂的收入，是与我们这些不管是大还是小的投资人的权益挂钩的。超出的部分，是打工者们的工资。有人宁可减工资，也非要去接受茅台酒厂，或者说是我们这些大大小小投资人的剥削？难道说，其他厂家给的工资更低？我没有去了解过。反正，我感觉，是我们这些投资人吃亏了！

据说在那些万恶的资本主义国家，工人们会组成一个叫“工会”的组织，从而把那些打算随意降低自己工资的就业者排斥在外，并要求资方不可以雇用这些非工会的成员。从而保证工人们的工资不会被削减。而这一行为，如果放在中国，很可能会被某个部门当作“垄断”而喝止吧？必需的。

显然，茅台的经销商们如果降低批发和零售价格，所直接损害的是他们自己的利益，他们仍旧要向茅台缴付被称之为“出厂价”的东西，因此，他们会尽其所能，在自己的配额能卖得出去的前提条件下，保证零售价格不出现下降，只有这样才能保住自己的“工资”。但他们如何抗拒“低工资”诉求的竞争对手，抢去属于自己的份额呢？是否需要一个类似于“工会”的组织，向茅台施加压力，以杜绝打工者们之间的恶性竞争呢？而“工会”的这种“高工资”的诉求，必然引起茅台对自己销量的担心，能否得到茅台的支持呢？而我们这些微型投资人凭什么要容忍我们的利益，被这些打工者们所侵占呢？

因此，这就需要“劳资双方”多年合作所建立起的互信作为支撑了。那些老资格的茅台经销商，与那些打一枪，换一个地方，有利就卖，亏了就甩的打零工的经销商不同，他们经营这个品牌多年，不想把市场搞乱，甚至不想去赚那些本不属于自己的钱。如果真正引发行业无序竞争，最终大家都是输家。为了一时的资金周转，或扩大销售而砸掉自己的金饭碗？不值。但你不砸，别人就不会来砸吗？819 元的出厂价，卖到 1 000 元都是高工资了，人家就是个打零工的，而且同时不知道在给多少家打工，你管得了吗？因此，那些优秀产品的长期经销商们，一般都会集体要求厂家约束个别经销商，要求后者不得任意降价。

当年我在码头上做苦力时，一个老板对我们苦力这行的收入算得比我们还清楚，真是多一个子儿都不想让我们赚。但报价太低的那些同行往往一件货都拿不到。后来混熟了，有一次大家一起喝酒，都喝高了，我就问老板，为什么不给他们货？老板说：

那个价格，报出来，就是没打算长做，或许就是这两天太闲，或许是急用钱。还有一种可能，就是在使用某种高风险的手法，降低成本。如果是前两种情况，我把货给他们了，过了这段儿，他们不闲了，不急用钱了，也就不再理我了。那时，我再回过头来找你们，你们或许也在忙别的了。而如果是第三种情况,那么,他们所提高的风险,最终全都会转嫁给我。

看起来,要想让别人死心塌地地给你打工,不在你的货上踢两脚,就不能把别人的工资搞得太低?不得不叹服,要不,人家怎么是老板呢!又看起来,赚钱这东西,不全是靠运气的?我这个人的长处,就是酒量还可以,因此可以听到一些酒后真言,学到不少东西。

(写于2013年2月6日)

茅台的重大分歧

很少有哪只股票会如茅台一般有如此巨大的分歧。爱的人，是真爱；同样，恨的人，也是真恨。

爱它的人，固执而主观地认为，自己喝酒，喜欢喝茅台酒，也看到有别人喜欢茅台，喝茅台酒，那就可以断定，是有人喜欢茅台的，茅台就那么点产量，有一些人喜欢就足够了；而恨的人，则理性和客观地认为，自己不喝酒，或不喜欢喝茅台酒，甚至从来不喝茅台酒，也没见到过别人喜欢茅台，那就可以断定，是没有人喜欢茅台的，只要自己和自己认识的人们不喜欢，茅台就应该倒闭了。这个就难了，各有各的道理吧？

爱它的人，就会认为，茅台，是个好东西。好东西，总是会有人喜欢的；恨它的人，就会认为，它是个坏蛋，否则，贪官们为什么那么喜欢它？腐败之酒，是涨不到天上去的！

我想了想，钓鱼岛也有不少坏蛋喜欢，那它还是不是个好东西呢？

我想，这两个群体，大概就像是两条平行线，永远不会存在交点的，或许他们原本就不在同一个空间。总之，没有求同存异基础的讨论，不过是在浪费双方的时间。

除了这两个爱憎过于分明的群体外，还有一种分歧，是做股票是否要承受下跌？据说是这样的，看空的人说，即便茅台是个好东西，即便有朝一日它会价值回归，但今天的下跌，又让我们如何能够承受呢？而看好的人却说，茅台是个好东西，有朝一日它会价值回归，那么它今天的下跌，又有什么不可以承受的呢？这又是两条平行线，那就也随它去吧。

还有一种分歧，在于一个叫“估值”的东西。我理解，是这样一个意思，比如说有两个人，都认同价值投资，用同样的方法，同样精确地算出来，一个东西，5 年后的价值是 2 000 元，其中一个人的个人预期年收益率为 30%，于是，用 2 000 元除以$(1+30\%)^5$，等于 538 元，打个 5 折，作为“安全边际”，于是他认为 269 元是自己可以接受的安全价格。而另一位价值投资者的个人预期年收益率为 80%，于是，用 2 000 元除以$(1+80\%)^5$，等于 105.8 元，再打个 5 折，作为“安全边际”，于是他认为 52.9 元是自己可以接受的安全价格。客观地讲，如果市场所有参与者都把自己的预期年收益率定在 80%这个水平上，那么，即便是 5 年后，2 000 元的东西，今天跌到 52.9 元，也是必需的。那么，大家有什么道理在高于 52.9 元的价格上去购买呢？

各位朋友，你是以上的哪种呢？当然，哪种也不是，只负责骂街的，也不在少数。

（写于 2013 年 3 月 24 日）

如果明天牛市来了茅台能够得到多少“估值”?

周末没事儿,突发奇想:如果明天牛市来了? 市场先生会给茅台多少钱的“估值”?

众所周知,茅台是只好股票,但大家对其的估值却很吝啬。茅台前两天的股东大会资料里,有一个财务预算,按那个算,茅台 2013 年的每股净利润至少是 15.6 元的样子,相对茅台目前的股价,动态市盈率只有 12 倍。是什么使得茅台只得到如此凄惨的估值却还仍旧有人拼命唱空呢? 据说是因为,大家都觉得自己手里的股票估值比它还惨!

这就是典型的“熊市思维”——并不盼望自己手里的股票涨(因为已经绝望了),而是天天盼着别人的股票跌。

闲着也是闲着,我们不妨假想一下,明天牛来了,这个“熊市思维”被赶跑后,市场先生又会是如何对茅台估值呢?

茅台近年的扩产速度大幅提升,董事会 2011 年度工作报告中明确提出,“计划到 2015 年,茅台酒基酒产量达到 45 000 吨”。我们再算一下,现有的系列酒产能加上已经公告并开工,2015 年前可以投产的系列酒产能至少 35 000 吨(扣除迎宾酒,也至少有 25 000 吨),市场于是开始担心这么多酒卖得出去吗? 即使卖得出去,再像以前那样,619 元提价到 819 元,32%的幅度,连眼都不眨一下的好日子不会再来了!

看,还是“熊市思维”。牛市里大家又会是怎样想呢?

如果明天中国经济复苏,人均收入继续增长,实现 2020 年比目前翻倍,股市进入牛市,白酒行业景气重至,那么,茅台每年出厂价平均上涨 10%,谁都不会再觉得多(2000 年到 2012 年的 12 年间,茅台酒出厂价复合增长率为

14%)。我以前讲过，茅台酒的零售价格与北京等大城市的居民最低工资标准有很强的同步性(见前文《茅台酒1 519元的零售价格目前偏高》)。2012年，北京最低工资标准为1 260元，到2020年，如果倍增(2004年时是495元，所以8年时间倍增完全有可能)的话，就是2 500元左右。也不过就是接近上一个白酒牛市中茅台酒零售价的高点。那么2 500元零售价，对应茅台酒的出厂价，应该是多少呢？茅台零售价用十年时间回到这个价格稀奇吗？熊市思维之下，当然稀奇。

我们再换个角度，按照10%的上涨速度，可以按现在的出厂价格819元，然后乘以1.1^7(也是相当于到2020年差不多翻倍的概念)，为1 596元。要支撑这个出厂价，零售价2 000元附近，也就可以了。这个1 596元是2012年出厂价格619元的2.58倍。

销量方面，如果茅台酒2015年45 000吨的基酒产量如期实现，则2020年的茅台成品酒可销售数量将接近这个数字。它是2012年茅台成品酒销量的3倍。我们可以近似地认为年份酒和系列酒都是按同比例增长，且假设全都尽产尽销，就可以把2012年的营业收入264亿元乘以2.58再乘以3去估算2020年茅台股份的营业收入，大约为2 000亿元(当然，显然仍旧依据的是牛市思维，认为这些产量全都卖得掉)。

我测算过，无论茅台怎样压缩成本和费用，怎样提价，只要是税收政策没有变化，茅台销售净利润率的极限位置也就大约在56%的样子(牛市思维不等于异想天开)。那么接下来，我自然用牛市思维，将2 000亿元乘以56%算出净利润为1 120亿元。自2011年算起的近十年，复合增长率为36.5%，在2001年上市后的长达20年里，复合增长率为35.6%。那么这样的成绩，在牛市里，怎么也得给30倍以上的市盈率吧？

现在回过头来检查一下逻辑过程。尽管我用的是“牛市思维”，但除了尽产尽销的假设在许多人看来是“太牛”了外，其他假设都还是比较保守的：我用的茅台酒出厂价格的上涨比例(10%)比历史数据还低4个百分点，与收入倍增计划是同步的；我用的2020年茅台酒的销量数据，是那一年的可销售数量;作为基期的2012年的年份酒、自营店的销售都不理想;2012年的系列酒低端酒占绝大比例,而2020年的系列酒,不仅绝对数量增长快,中高端占比也大幅提升;对于一个持续20年,净利润复合增长率为35.6%,高比例分红,从来没有过再融资历史,零杠杆的企业而言,30倍市盈率如果谁觉得高,那能不能给我说出第二只这样的股票来?显然,我只是用牛市思维假设了一下,2020年,这些酒确实是能卖得出去的。历史告诉我们,每一次股市牛市之后,中国人的消费结构都会发生极大的改变。因此,我绝对相信,只要股市牛市来临,只要2020年之前,确实还会有牛市,是不用去证明这一切的。

那么,我们便有理由相信,如果明天牛市来临,2020年这个净利润1 120亿元和30倍市盈率会成为市场的共同预期。那么按照这个预期,使用6%的贴现率扣除7年的时间价值,净现值为2 153元每股。让出一半作安全边际,也还剩1 076元每股。

且慢,让我想一想,这又是"熊市思维",牛市里,谁会稀罕50%的安全边际?人生苦短,直接把时间价值调到80%还差不多!那么按照80%的预期收益率,对2020年3 237元每股的预期股价扣除7年的时间价值后,净现值又是多少呢?是52.9元。那么我们看一下,茅台现今的市场价格又是多少呢?难怪总听有人讲,茅台要跌到50元!

我一点都不开玩笑,这就是"熊市思维"与"牛市思维"的差异!在熊市思维的笼罩下,客观的估值也会被认为是过度乐观,甚至是"屁股决定脑袋",而一旦丢掉熊市思维,大家会去买茅台吗?当然不会!因为"估值"本身便是"熊市思维"!到了牛市,买只股票,还用得着去"估值"吗?追涨就可以了。

我听过一个笑话:一个人牙断了,却没有勇气让医生治疗,医生为了给他增加勇气,让他喝了点酒,然后问他,"这回有勇气了吧?"他叫道:"勇气倍增!现在看谁敢动我的牙!"因此,无论喝不喝酒,都没人治得了你断牙那个病。

(写于2013年5月19日)

本命年的茅台股份

2013年年初我写过一篇《茅台的2013年，是最困难的一年》。而这个最困难的一年，却恰恰是上市公司的“本命年”。12年前的8月27日，贵州茅台酒股份有限公司正式在上海证券交易所挂牌。

一群长期关注茅台的投资者及投机者们，一直有一个想法，就是在某个论坛，把与茅台相关的资料，包括企业发展情况、财务状况、行业相关的资料等基本面类信息汇集在一个帖子中，便于以后查阅，大家相互学习。叶资本兄2013年8月初给我布置任务，让我在8月27日来雪球发一个主帖，一来祝贺一下茅台上市十二周年，二来算是打个地基，将来作为一个资料和信息的汇集帖，可以时不时地拿来读一读，以助酒兴。

再有一个目的，就算是为那些对茅台基本面研究有着浓厚兴趣的网友建一个避难所吧。希望他们过街老鼠般的日子可以在这里结束。也希望那些对茅台一无所知且对茅台基本面研究毫无兴趣，只喜欢振振有词津津乐道地品评茅台股东的网友，远离此楼。

酒鬼盖楼，非醉勿扰！

我也曾顾虑，由我这样一个投机者开贴，是否会辱没茅台的光辉形象？但转念一想，这不更显得茅台海纳百川，有容乃大吗？与那些把茅台当作排污渠的人相比，何必介意什么“投资者”与“投机者”呢？

或许从茅台上市的那一天起，便注定了对它的争议永远没有终止的时候。12年来，人们就这样争来争去，激烈得已经忘记所争何物？12年来，无数投资高手匆匆在茅台走过，买椟还珠，忙得不亦乐乎。匆忙间顾不得看一眼自己曾经的拥有。

也不奇怪，古来如此。话说“尧不千钟无以建太平；孔非百觚无以堪上圣”；“对酒当歌，人生几何？譬如朝露，去日苦多”。孔融、曹操这对在禁酒问题上争得你死我活的冤家，分别用各自的语言阐述了酒为何物。曹操、刘备这两个都曾经下过禁酒令的人中之“雄”，却恰恰在一起煮酒论过英雄……

如此看来，不仅是茅台，在中国，“酒”一向是争议巨大。我们这样一个苦难深重的民族，历史上常年有人吃不饱肚子，用数斤粮食去酿一斤酒，从来都是一件极为奢侈的事情。如诗人所云：“朱门酒肉臭，路有冻死骨！”只是不知道，当“朱门”啃窝头时，路上的冻死骨是会更少呢？还是更多？

实干兴邦，空谈误国。除非什么人坚定地认为，中国人，命该永远吃不饱肚子，否则，应该被中国人仇视的，是吃不饱肚子，而不是粮食的深加工工艺——酿酒艺术。

《诗经》有云：“既醉以酒，既饱以德。君子万年，介尔景福。既醉以酒，尔肴既将。君子万年，介尔昭明。”

《礼记》则言：“酒者，所以养老也，所以养病也。”

孔子曰：“君子无所争，必也射乎！揖让而升，下而饮，其争也君子。”

古人中亦不乏贤者。

毫无疑问，茅台是中国酿酒业精品中的精品，但股票上市后，表现却不尽如人意。而且不知道从什么时候起，茅台这样土气的名字竟然与一个洋人的名字被中国股民紧紧地联系在了一起。而与这个洋人的名字联系在一起的一群人，自称为“价值投资者”。结果，茅台的股价被“价值投资”拖累，总也涨不起来。十几年前，我曾经有幸傻傻地听到一些业内大佬讲述着“价值投资”的真谛：

“价值投资”，就是先购买一个企业的股票，然后改变这个企业手中资源的用途，然后拼命吹嘘自己为这个企业创造了价值，这样就可以炒高它的股价。比如说，可以买一个纺织类的企业，或是保险类的公司，然后改变它们的现金使用，使它们变成投资类公司。于是……那么，在当下的中国股市，上市公司都没钱，手中最有价值的资源就是壳资源，所以最符合“价值投资”的就是买一个壳公司，然后让它随便干点别的什么，自然就会有人愿意跟进……

听起来太复杂了，好像只有机构才玩得来，小散是没有办法改变企业资源用途的。那么，像我这样的小散，是否就与“价值投资”无缘了呢？当然不是！市场短期是投票机，长期是称重器！只要我们能找到足够便宜的壳资源，尽管小散我既不知道怎么用，也没有能力去用，但我相信，长期看一定会有大的机构看上它，我只要抢在它们之前买入，就可以了！

可是，壳资源太稀缺了，后来就越来越难找到可以做“价值投资”的壳了。特别是到了牛市，往往大家一起仰天长啸：“消灭3元钱以下的股票”，然后“消灭4元钱以下的股票”，然后“消灭5元钱以下的股票”，壮怀激烈。

唉！没办法！看来“价值投资者”太多，股票不好做呀！

后来“价值投资者”们发明了一个新方法，不再看股价了，看市盈率和市净率。只要是买市盈率、市净率都低的股票，就算是“价值投资”了。于是机构的“价值投资”方程式改变为，先买入一个公司的股票，然后指导这个企业用不断降低资产质量的方法，不断做高净利润的同时，也做高了账面净资产。这样，市盈率和市净率就都显得很有“价值投资”意味了。真是一举两得呀！直到今天，大家仍旧在玩着这样的把戏。

当然，也有个别机构会对企业做一些建设性的指导，他们会用提高企业营销水平的办法，为企业创造价值，从而实现“价值投资”。比如说，在房地产公司项目开盘时，雇一些人在售楼处门口排队，再比如说，雇几十辆卡车，在厂区外排队提货……

但是，这些“价值投资”方法，对本小散帮助却不大。当壳资源“价值”不再之后，小散们既没能力去向企业提出这些改变游戏规则的建议，也没办法知道机构明天打算开着卡车去哪家企业门口排队；不知道哪家企业接受了机构这样的指导；甚至没有勇气买入那些资产质量不断恶化的低市盈率、低市净率的“绩优股”。因此，这些方法尽管对新股民还是有些诱惑力，吃过亏的老鸟们，却只得敬而远之。

于是，我们输在了起跑线上。

还好,12 年前,茅台上市了。记得那个洋人在夸耀那家被他改变资源用途的公司后来所创造的价值时,有过这样一段描述:

账面价值是会计名词,系记录资本与累积盈余的财务投入,内含价值则是经济名词,是估计未来现金流入的折现值,账面价值能够告诉你已经投入的,内含价值则是预计你能从中获得的。类似词能告诉你之间的不同,假设你花相同的钱供两个小孩读到大学,两个小孩的账面价值即所花的学费是一样的,但未来所获得的回报(即内含价值)却不一而足,可能从零到所付出的好几倍,所以有相同账面价值的公司,却有截然不同的内涵价值。

像剥壳虾在 1965 年会计年度刚开始由现有经营层接管时,其账面价值为每股 19 美元,明显高于其实际的内含价值。所谓的账面价值主要系以那些无法赚取合理报酬的纺织设备为主,就好比是将教育经费用在不会读书的孩子身上一样。

但如今我们的内含价值早已大幅超越账面价值,主要的原因有两点:

第一点:(略)

第二点:更重要的是,我们所拥有的几家企业具有庞大的经济商誉(事实上是包含在内含价值之内的)且远大于记载在账上的商誉。

商誉不管是经济上或是会计上的,是一项神秘的课题,实在需要比现在所报告还要更多的时间解释,本报告书的附录有关商誉及其摊销、规定与现实,将解释为何经济上与会计上的商誉事实上通常大不相同。

虽然不用了解商誉及其摊销,你一样可以过得很好,但对于研究投资的学生或经理人却有必要了解其间些微的不同,我现在的想法与 35 年前课堂所教要重视实质的资产并规避那些主要依靠经济商誉的公司的做法已有明显的转变,当初的偏见虽然使我投入较少但也犯了许多投资上的疏忽。

凯恩斯一针见血指出了我的问题所在:“困难不在于如何接受新思想,而在于如何摆脱旧思想。”我拖了很长的时间,其中部分原因在于我从这位教授给错误思想的老师那里所学到的东西中大部分过去非常有价值,而且现在仍然非常有价值。最终,直接的和间接的企业分析经验,使我现在特别倾向于

那些拥有金额很大的可持续的经济商誉却对有形资产需求很少的企业。

“对有形资产需求很少的企业”,那市净率,还不得高到天上去?看来老美这些20世纪80年代初的玩意儿,与中国现代价值投资的理念相比,的确是落伍了许多,真是跟不上潮流啰!也或许,价值投资,原本就有“账面价值投资”与“内含价值投资”两大流派?就像华山派的剑宗与气宗一样?也许吧!否则那么多“价值投资者”,既搞不清会计商誉与经济商誉的区别,更搞不清商誉在内含价值中的地位,拿了个账面数字,或者一些表象的东西,甚至连财报都不曾打开过,看一眼F10就自称价值投资好几个礼拜了,你让我这个投机者,情何以堪呢?

不过,我按图索骥地看了一下茅台,还是明白了中国的各个流派的价值投资者们,为什么会以各自不同的方式,盯着茅台不放了。一个像我这样的小散,都能看出茅台可以轻易拓展市场的路径,那些精于此道的“价值投资”机构,一旦看到了这个如此不擅长营销的企业,只要进驻后助其逆市提升营销水平,改变它现有的资源使用方式,降低其商誉闲置度,为企业“创造价值”,是轻而易举的事情。具体怎么做,难道还需要我这个小散去手把手教吗?我们要相信,市场长期是有效的,是称重机,只要有这样的机会存在,早晚会有人这样去做的。至于“早晚”是多久?就是经济学上常讲的“长期”啰!

但是,如果搞不清前文所述“35年前课堂所教要重视实质的资产并规避那些主要依靠经济商誉的公司”与“拥有金额很大的可持续的经济商誉却对有形资产需求很少的企业”之间的逻辑关系和最终取舍的理由,没有几十年的“直接的和间接的企业分析经验”,仅凭某个人几句话的描述,以及对一个“长期”的称重机的期待,是不值得大家去冒这个“高”市净率、“高”市盈率风险的。大家其实很难判断,自己所找到的,究竟是千里马,还是癞蛤蟆。茅台究竟是小散们的救星,还是小散们的陷阱?人生苦短,白驹过隙。有多少生命可以拿来被“长期”二字蹂躏?

因此,仍旧需要自己去判断。如果只是人云亦云地买入这只股票,看到三根阴线,信心就会全部瓦解。当人们转而人云亦云地集体唱空时,你就会崩溃。当然，卖出后的你，就可以再次加入人云亦云的大军，成为唱空者中最卖力的一员。

没有什么投资大法可以让你长期去持有一只股票。真正的长期持有者，也不需要给自己加上一个什么“价值投资者”的名头。茅台，是中国人的茅台，是这个曾经用自己的双手创造了数千年历史及无数奇迹的民族，用了一百多年时间打造出的一个民族品牌。真正值得我们关注的是，中国的企业正面临一个历史性的市场化的伟大机遇，但中国的国企，却是一路沿着计划经济的道路走来，企业的领导者们，多不善于营销，不懂得如何去迎合市场。于是，酒香也怕巷子深。

我们所能够讨论的，其实只是：酒，是否够香？至于是否“怕巷子深”的问题，则只能仁者见仁，智者见智了。

一个只擅长酿酒，只懂得如何打造自己的产品的中国山沟沟里的原国有企业，能否成功地走向市场？

任何老外手中，都没有标准答案。

多年来，“茅台只有学会营销才能成功”撞击“茅台只要营销，就已经失败”。“市场”这东西，真的值得茅台这家百年老店去迎合吗？况且，市场有时就喜欢不香的酒，一旦学会了迎合市场，还能否保证“酒香”？

茅台这样一个营销改善潜力巨大，却还在犹豫的企业，如今却极不情愿地被推到“中国洋务运动中的白酒逆袭”和“白酒逆袭中的酱香化”漩涡的中央。讥笑、谩骂、诅咒、威胁、栽赃、陷害迎面而来。茅台首先需要改变的，不是它的体制和资源使用，而是它的观念。它真的能经受得起市场大潮中的种种冲击吗？

（写于2013年8月27日）

2013年茅台中报
——二季度基本与一季度持平

孔子观于乡射,喟然叹曰:“射之以礼乐也,何以射?何以听?修身而发,而不失正鹄者,其唯贤者乎?若夫不肖之人,则将安能以求饮?《诗》云:‘发彼有的,以祈尔爵。’祈,求也。求所中以辞爵。酒者,所以养老,所以养病也。”

好了!相信该走的,都已经走了,可以说点有关投资的事了。

茅台2013年8月31日出了中报,还是老习惯,大面上的问题我就不多说了,只讲几个比较特殊的问题,或争议较大的问题:

首当其冲:还是预收。

前面的文章《说说茅台预收款下滑》可供大家参考。

也真奇怪了,市场对白酒股的预收总是特别感兴趣。中报茅台的预收款余额的确很难看,这跟市场上的反映(即经销商打款拿货不积极)也是一致的。但也有人讲,茅台的经销商目前是既不主动囤货,也不主动甩货,基本就是跟着计划走。那就说明供需在目前的价格上,基本是平衡了。只要能在现在的价位把计划跟下来,就无大碍。毕竟一个企业卖的是自己的产品,卖太多的期权,未必是好事。行业景气度如此之淡的情况下,只要经销商在出厂价之上,能按计划拿货,能走起来,就是好的,非要让他们打很多预付款过来,没意义。因为,即便他们打了预付,你发货时,仍旧要考虑市场,如果市场接不住,你照样不敢发货,那就仍旧变不成销售收入。所以它根本起不到“蓄水池”的作用。当然我相信,如果现在有经销商愿意以1 099元大量打款,茅台一定是愿意接受的,相反,现在如果茅台要求经销商按819元打预付款,你觉得会不会有人打?反正听说999元有人打了不少。说到底,还是茅台在惜售。要知道，经销商比酒厂缺钱得多，市场不好，已经不需要掩饰了，何必逼着经销商们帮酒厂打肿脸充胖子呢？酒厂难道是靠跟经销商对赌去赚钱的吗？而如果行情好转，你在低位卖了那么多期权，就等于是完全丧失主动权了。

如果抛开预收问题，再看这张报表，就顺眼了许多。年初时大家应该都还有印象，整个酒类市场沉浸在一种白色恐怖之中。当时流行一个词，叫“断崖”，动辄都是传言销量下跌50%以上。有个央视的主持人发了条微博，说什么“某著名中国白酒品牌的销量，1月份同比下滑70%”。这条微博在被疯狂转发之余，多数网友表示“应该是茅台无疑”。

在行业严重下滑的情况下，茅台却逆天采取了保价的措施，结果不仅白白地放弃了一个春节前的旺季，还因此遭到处罚。对销售的负面影响，可想而知。受处罚后，自然就不能再要求经销商们保价了，那么酒厂控量就成了唯一可以用的保价手段。就当时的想法，结果无非就是这样几个：最差的，就是控了量，却没保住价，大幅缩量后，还是倒挂了，最终被迫降低出厂价；好一点的，出厂价保住了，但经销商拿了一堆货出不去，渠道库存降不下来，还是堰塞湖；再好一点，就是出厂价保住了，社会库存也去得不错，但茅台公司的销量，真“断牙”了，我当时说，那就真成了打掉牙往肚子里咽了；当然最理想的结果，就是出厂价保住了，社会库存也去得不错，茅台公司的销量尽管下降了，但降得不多。销量下降10%以内，茅台基本就能完成全年的任务(见《茅台的2013年，是最困难的一年》)。从茅台中报来看，距离这一目标有一点差距，但不大。能否完成最终取决于国庆和春节前所付出的努力。另外，不要只看中报的同比，茅台一季报每股收益3.46元，二季度是3.52元，尽管比一季度高出不多，总还勉强比一季度高，在白酒行业里，也算是一朵奇葩了。但90分的确很优异，可谁让你去年考100来着呢？活该！

有不少朋友关心中报中究竟卖了多少酒。这个的确挺难算的。因为尽管茅台产品单一，但也仍旧存在年份酒、普茅、高度、低度等产品的区别，以及计划内、计划外、自营店等价格的差异，所以用销售收入不好算。但可以用营业成本来估一个笼统的量。2012 年茅台酒的营业成本是 14 亿元，对应茅台酒销量是 1.5 万多吨，2013 年中报茅台酒的营业成本是 7.27 亿元，考虑到茅台每年的单位成本都会有一定幅度的上升，毛估一下，2013 年上半年茅台酒销量在 7 000 吨上下。许多朋友对茅台不了解，这样一个数字，对茅台而言，实在不算小。这就是茅台的困境，想要完成任务，不仅要多卖酒，还要卖出一个好价格，否则你就算是卖光了全部产量，仍旧是完不成任务。一旦想明白这个道理，茅台自然会对价格而不是预收更感兴趣。因此研究茅台最重要的一点，并不是研究它卖了多少酒，而是它产了多少酒。好在今年下半年，酒够卖。

还有一个大家都比较关心的问题是中报的管销费用，增长比例太大。这个，没办法。其实茅台的三项费用一直增长都很快，只不过是因为茅台的收入增长也很快，所以大家很难发现这个问题。我在下表中列两组数据。

三项费用率	1998 年	1999 年	2000 年	2001 年	2002 年	2003 年	2004 年	2005 年
年报	34%	26%	24%	25%	29%	27%	22%	20%
中报	—	—	—	22%	25%	24%	24%	22%
三项费用率	2006 年	2007 年	2008 年	2009 年	2010 年	2011 年	2012 年	2013 年
年报	22%	17%	17%	18%	16%	11%	11%	—
中报	21%	22%	14%	12%	12%	8%	8%	12%

很明显，除了 2011 年与 2012 年的中报，这个比例见过个位数，其他时期，都至少是 10%出头，而 2011 年与 2012 年的年报，最终也都达到 11%出头，为什么呢？就拿 2012 年来说，中报的广告费是 2.8 亿元，下半年直接用了 6.1 亿元，加上市场拓展费用达 7.2 亿元了。所以 2013 年中报广告宣传及市场拓展费用 7.2 亿元，同比，那的确是没法看了，但环比，也就是个持平。从三项费用占主营业务收入的比例来看，实际上是停留在低位的。还是那个问题，谁让你去年考 100 来着？活该！

有许多朋友讲，茅台根本不需要打广告，这些钱就是白扔。还真不能这么讲，或许，茅台的确不需要打广告，但无论你打不打广告，这个钱，都是要花的，这个你懂的。所以我之前提到过，无论茅台怎样压缩成本和费用，怎样提价，只要是税收政策没有变化，茅台的销售净利润率极限位置，也就大约在56％的样子。因为有些钱，就像税收一样，注定了会随着你的营业收入，按照一定比例不停地增加。此外，像什么修路、盖楼之类的瞎花钱的事情，只怕今后也少不了，骂一骂，解解气就是了，我们这些小股东，根本无力改变这些，在接受它和抛出它之间，我只好选择前者。茅台中报显示，一共只有5万多股东，随便拿出哪只股票，股东人数都得是它的10倍以上。5万人一起骂，也没多大声。因此，以后，茅台再干这种事，如果有谁替我们这5万多人气不过，愿意义务去骂，我们茅台小股东们，自是非常欢迎。

（写于2013年9月1日）

历史上茅台酒的几次调整

应该如何看待茅台2013年的调整？

实际上，这是一个被提前引爆的周期性的调整。

之所以我在年初时讲，2013年是茅台最困难的一年，是以我长期投资周期行业的经验进行的判断。困难不困难，不在于市场上卖的产品是其产量的10倍还是8倍，有的酒据说销量是茅台的3倍、5倍的，结果日子可能还没茅台好过呢。

企业产量能否很轻松地全部出清（100%就成，用不着300%、500%的），是企业好过或难过的唯一标准。企业的产量，无论在任何时期，都不会与真实消费进行匹配（更不可能跟终端销量匹配）。库存的变化，会严重影响供需的平衡。因此，分析周期性行业时，常使用一个"表观消费量"的概念辅助分析，那是产量加上一个库存变化的概念（忽略进出口）。

在上升周期时，随着消费量的上升，渠道的必要库存和非必要库存也都是在上升的，因此需求显得极为强大，产量的一部分转为渠道库存。供需的一点点缺口，便会被渠道库存放大。2008～2009年的那个茅台调整期，我曾经讲过，以茅台这样的扁平渠道，哪天渠道分了层，都会消耗掉一大块产量。一年多以后，这样的事情便发生了。

而在下降周期，不仅渠道内的非必要库存（囤货）会被清空，连维持正常运转的必要库存也会被清光。原先的多级销售体系，被再次压得扁平，那些所谓的N级经销商，变得只出不进。这就是2013年发生在茅台身上的事情：当过去的一块消费突然不见之后，市场反而急于清空自己的库存，这种需求的减少，同样被渠道放大了。所以年初时我判断，这种集中的冲击，将会使

2013 年成为茅台最困难的一年。

茅台乃至整个白酒行业这样的困难，出现过几次，季老之前讲过："我从事白酒行业 50 年，经历过四次大的调整，1989 年第一次(茅台营收 1 亿元)；1997、1998 年第二次(茅台营收 7 亿～8 亿元)，茅台体制机制调整；2008 年第三次(茅台营收 100 亿元)，冲击不大，价格回了一点，走得慢一点。这一次从 2012 年开始，我感觉这一次可能要来得猛一点，深一点，时间长一点。"

这段话的深意在好酒的人们看来，可以心领神会，但许多人是理解不了的。这就是我对不喝酒的茅台价值投资者们一向不看好的原因。如果你不好酒，其实我是没有办法让你相信我后面所讲的这一切的。

事实上，从 1978 年茅台酒厂 17 年来第一次盈利开始，这种调整基本上是每 10 年出现一次。1978 年的时候，茅台酒 8 元一瓶，当年的茅台酒产量是 1 068 吨；到了 1988 年，茅台酒价涨到每瓶 140 元，当年的茅台酒产量是 1 300 吨；再到 1998 年，茅台酒价涨到每瓶 320 元，当年的茅台酒产量是 5 072 吨；再到 2008 年，茅台酒价涨到每瓶 680 元，当年的茅台酒产量是 20 434 吨。这里除了 1988 年，国家首次放开 13 种名酒价格，造成一次性价格大幅上涨外，其他两次调整都出现在价格乘以产量与 10 年前高点相比 8 倍多的时候。其实道理也很简单，以茅台为代表的高端酒，这些年产量不停地在上升，但还是满足不了需求上涨的速度，因此价格也在不停地涨，必要和非必要库存也在不停地涨。一个产量不断提高的产品，原本是需要有更大范围的新的消费者不停地加入(而不能仅靠原有消费者买入数量的不停增多)，以实现供需平衡的。但这种价格的不断上涨，把无数茅台的潜在消费者长期挡在了消费群体之外。大环境只是一个方面，自身到了某个临界点时，也会爆发。

诚然，此次危机是由一系列意外因素引爆，但我们看一下，如果按照茅台 2015 年的产量目标为 45 000 吨，那么 2018 年的产量至少在 50 000 吨。以 2012 年当时的酒价 2 300 元计算，50 000 乘以 2 300 除以 10 年前的高点：

$$50\ 000\times 2\ 300\div(20\ 434\times 680)=8.28$$

显然，茅台已经提前完成了这个8倍的涨幅。于是，一个周期性的调整，被提前引爆了。

高端白酒的前几次调整，无一例外是几大高端白酒价格大幅下跌，吸引了新的消费者，最终得以解决。但原有需求的减少和渠道需求的萎缩，都需要新增需求来补充。可这些新增的需求，大部分并非来自高端白酒的真实消费群体，他们只是一些低价品尝者，是他们的好奇心使他们暂时加入高端酒的消费中来。至于品尝之后，是否会留下来？这是一个决定产品能否很快复苏的关键因素。

许多品质很优秀的产品，在低迷期也都是靠免费品尝、免费试用的方式吸引它的目标客户群的（而茅台、五粮液等高端白酒只是降一降价，便会吸引到无数试用者，使你不得不承认，它们品牌力的强大），只要产品品质优秀，这个策略一定是有效的。然而渠道由不再敢于囤货到再次囤货可能需要很长时间，这个复苏的过程仍旧会非常漫长。相对而言，白酒，会有什么不同吗？

有。那就是，这种消费品，上瘾的速度会明显高于其他任何一种被允许合法销售的消费品。

从前几次的经验都证明，大量在茅台酒价暂时低迷期好奇的品尝者，最终成为茅台的忠实消费者。而一些仅靠高端形象维持自己销量的品牌，随着价格的下降，最终被其消费者所抛弃了。如果你有过这样的经历，就不会像那些“我不喝酒，所以我知道茅台不好”的人一样，去质疑茅台未来的增长，或者认为这次调整与前几次会有什么不同。我仍旧完全有信心，这一次，那些尝过低价茅台的人，其中会有相当一部分（当然不会是每个人，再好的东西，也会众口难调），随着中国经济的发展，即便将来茅台酒的价格小幅上涨，仍旧会成为茅台酒的忠实消费者（也只需要有一部分人就够了）。他们丝毫不会因为喝茅台“太有面子”而影响自己的享用。而一些过去曾经公款消费茅台酒的人，只要个人经济上允许，以目前茅台的酒价，他们掏自己腰包，保持茅台的适量消费，并不是一件值得大惊小怪的事情。搞营销的人，喜欢讲“产品的黏性”这个概念，但是，“黏性”这个词，哪里达得到形容白酒这种上瘾产品的附着力的境界呢？这就好像讨论毒品的消费者忠实度一样。我们不妨参看一下酒鬼侠客辛弃疾当年戒酒时的悲壮吧！他当时还专门写了一首《沁园春·将止酒，戒酒杯使勿近》以示决心：

杯汝来前，老子今朝，点检形骸。甚长年抱渴，咽如焦釜，于今喜睡，气似奔雷。汝说刘伶，古今达者，醉后何妨死便埋。浑如此，叹汝于知己，真少恩哉。

更凭歌舞为媒。算合作人间鸩毒猜。况怨无小大，生于所爱，物无美恶，过则为灾。与汝成言，勿留亟退，吾力犹能肆汝杯。杯再拜，道麾之即去，招则须来。

网抄词解："杯汝来前！"由怒气冲冲的吆喝开始，以"汝"呼杯，而自称"老子"，接着就郑重告知：今朝检查身体，发觉长年口渴，喉咙口干得似焦炙的铁釜；近来又嗜睡，睡中鼻息似雷鸣。要追问其中缘由。言外之意，即是因酒致病，故酒杯之罪责难逃。"咽如焦釜""气似奔雷"，以夸张的手法尽写病酒反应的严重，同时也说明主人一向酗酒。

接着"汝说"三句，是酒杯对主人责问的答辩。

你说：酒徒就该像刘伶那样只管有酒即醉，死后不妨埋掉了事，才算是古今达者？

这时不称"杯说"而称"汝说"，是主人复述杯的答话，其语气中，既惊讶于杯的冷酷无情，又似不得不承认其中有几分道理。故又叹息："汝于知己，真少恩哉！"口气不但软了许多，反而承认了自己曾是酒杯的"知己"。

词的下阕语气又转，似表明主人戒酒的决心。下阕以一"更"字领起，使已软的语气又强硬起来，给人以一张一弛之感。古人设宴饮酒大多以歌舞助兴，而这种场合也最易过量伤身。古人又认为鸩鸟的羽毛置酒中可成毒酒。酒杯凭歌舞等媒介使人沉醉，正该以人间鸩毒视之。这等于说酒杯惯于媚附取容，软刀子杀人。如此罪名，岂不死有余辜？然而这里只说"算合作人间鸩毒猜"，到底并未确认。接着又说：何况怨意不论大小，常由爱极而生；事物不论何等好，过了头就会成为灾害。这些话表面看来振振有词，实际上等于承认自己于酒是爱极生怨，酒对自己是美过成灾。这就为酒杯开脱不少罪责，故而从轻发落，只是遣之“使勿近”。处死而陈尸示众叫“肆”，“吾力犹能肆汝杯”，话很吓人，然而“勿留亟(急)退”的处分并不重，主人戒酒的决心可知矣！杯似乎看出了这一点，亦不再辩解，只是再拜道：“麾之即去，招则须来。”

“麾之即去，招则须来。”用得好。尽管决心很大，但好友来访，两句玩笑便使酒鬼辛弃疾感觉是否是自己愧对“杯兄”这位知己了？于是赶忙另写一首。

《沁园春》(城中诸公载酒入山，余不得以止酒为解，遂破戒一醉，再用韵)：

杯汝知乎，酒泉罢侯，鸱夷乞骸。更高阳入谒，都称齑臼，杜康初筮，正得云雷。细数从前，不堪余恨，岁月都将麹蘖埋。君诗好，似提壶却劝，沽酒何哉。

君言病岂无媒。似壁上雕弓蛇暗猜。记醉眠陶令，终全至乐；独醒屈子，未免沈灾。欲听公言，惭非勇者，司马家儿解覆杯。还堪笑，借今宵一醉，为故人来。

其中用典无数，无非是为酒歌功颂德，大加辩护。如此看来，当初“麾之即去”，那么“招则须来”的日子，难道还会远吗？

（写于2013年10月31日）

为茅黑加油！

近来没怎么关注茅台舆情新动向，刚刚看了一下媒体的近期报道，发现茅黑们真不地道！

说好了淡季茅黑们一起发力，让茅台主渠道跌破出厂价的，怎么现在改拿淘宝小店"跌破 900 元/瓶"说事儿了？

昨天跟一个哥们喝酒，问他怎么过来的，他说打车。

我说，那得挺贵吧？

他说，只花了几毛钱。

我说，那不是比公交还便宜？哪家要破产的出租车公司卖这么贱？

他说，你不懂，不是出租车公司，是"电商"。

"电商"？不就是淘宝小店吗？我老人家确实是从来搞不懂那东西。看人家这成本控制的，出租车公司卖几十元钱还亏的生意，人家能卖到几毛钱?！难怪茅黑们总说，这就是体质问题呀！人家电商这个卖法，出租车公司那个小体质，早晚还不得让这些淘宝小店们都挤黄了？你卖几十，人家卖几毛，价格差了上百倍，你怎么跟人家竞争？

也真奇怪了！这么大的一个利空，硬是没让茅台酒价格跌破出厂价？看来最近茅黑们是出工不出力呀！

茅黑们，别灰心！现在反腐力度绝对比你们当初预想的要强得多，持久得多。不仅当下茅台消费已经与"三公"毫无关系了，以后也绝对不会有半点关系了。你们当初想打闪电战的思路就是错的。总是怕"三公"反弹，因此总恨不得靠造谣迅速打击茅台。没必要。"三公"消费以后也不会有了。要知道，没有"三公"支持的茅台酒消费，以后就只能依靠我们这些，在你们眼中，贫穷、落后、不接受伟大的自由世界的主宰者的普世价格观的、无知的中国老百姓们的，可怜的这一点点消费能力支撑了。你们还有什么可害怕的呢？

继续努力吧！

（写于2014年7月7日）

什么是历史？笑看陈琪的博览会纪实

“孔子著《春秋》，乱臣贼子惧！”这才是真正的历史！

2010年的时候，有人翻出了一本叫《中国参与巴拿马太平洋博览会纪实》的书，从里面找出一张所谓的白酒获奖名单，说要根据这份名单对茅台1915年巴拿马世博会金奖的问题，说道说道。

我当时看了一眼，便没在意，毕竟假得太厉害了。100年前，我还没有出生，因此茅台究竟拿的是什么奖，我确实不知道。但哪怕是有一点点历史常识的人，或懂得一点酒的人，看过那份名单后，都会把它直接丢入垃圾桶(里面根本找不到白酒产区)。同时会感到名单里“被得奖”的那些企业，真的很无辜。想不通怎么会有人自称研究它研究了几十年？还拿着它对名单里的人一个个地讲：“你获了大奖了！难道你自己不知道？”“你们怎么就是不信呢？”就这样看了别人几十年无辜的表情，自己却很满足，真是可笑！

果然，没多久这事便没有人再提了。谁想五年之后的今天，忽然又有人把它翻出来。

现在的那些公知、记者们的所谓“证据”都是来自于这本北洋政府派驻巴拿马赛会总监督陈琪编的《中国参与巴拿马太平洋博览会纪实》。而茅台“怒掷酒坛振国威”夺金的故事却是来自于当时的民间传说。为什么说是“当时”(而不是现在)的民间传说呢？因为尽管中华人民共和国成立后许多文献都提到茅台夺金的事，但由于长征之后茅台与红军的渊源，公知们不认可，这个也无可厚非。但是，茅台得金奖的说法在红军进入茅台镇之前的证据，那可信度就高多了。

中央文献出版社2006年出版的《征程万里过茅台》一书提到红军在进入

茅台镇之前，为了保护茅台酒，当天以时任红军总政治部主任王稼祥、副主任李富春名义颁布《中国工农红军总政治部关于保护茅台酒的通知》。这份通知在茅台群众中广为传播，受到当地士农工商的热烈欢迎。《征程万里过茅台》录载有当年的这份通知。全文如下：

中国工农红军总政治部关于保护茅台酒的通知

民族工商业应鼓励发展，属我军保护范围。私营企业酿的茅台酒，酒好质佳，一举夺得国际金奖，为人民争了光，我军只能在酒厂公买公卖。对酒灶、酒窖、酒坛、酒瓶等一切设备，均应加以保护，不得损坏。望我军全体将士切切遵照。

中国工农红军总政治部主任：王稼祥

副主任：李富春

一九三五年三月十六日

这份通知的原件茅台博物馆里有，网上如今也很容易搜到。有图有真相。

这份通知是中央红军进茅台之前发的。当时应该说红军和茅台还没有任何渊源。因此，并不存在刻意往茅台脸上贴金的可能。而且这份通知是王稼祥同志以中国工农红军总政治部主任的名义发布的。学过那段历史的人都知道王稼祥同志的文化程度及其正直的人品，尽管这份通知不能证明金奖属实，但至少证明之后的金奖的说法，既非空穴来风，更绝不是后人杜撰，只是足以构成公知们对金奖说法群起而攻之的理由而已。

按照某人的说法，谁拿什么奖，其实那些奖都是北洋政府内定的，到外面只是走个过场。所以最终谁得了什么奖，所有的依据只能是来自于这本北洋官方发布的、漏洞百出的书。至于民间传说，某人就一句话，“不予采信”。

以下是某人在新浪访谈时的原话：

当时的情况是在国内已经参加了一次评选，就是已经举办了展览会选出来后再送到上海集中，然后再选，选完之后再运到旧金山。当时送到旧金山不叫评选叫作审查，审查就是由各国推举出审查员来审。中国推出17个人，在那里审查。

大致获奖的情况，基本上这酒参展之前在国内已经搞过一回评比，而且巴拿马搞的同时国内也正在进行，也是民国四年进行的。说这些酒基本上国内好的产品都拿到那里去了，这些酒已经在评选人头脑中有了概念了。

按照书中说法，茅台酒排名到第五了，而且不是根据西方习惯按什么金银铜走，而是按中国人的甲、乙、丙、丁、戊排，反正材质除了铜的就是银的(一块金的都没有)。如果这段历史是真实的，那么，这一评奖的严肃性何在?

一个是北洋官方文献，另一个只是民间传说，显然茅台要处于劣势。最麻烦的是，100 年前的事情，现在已经没有了当事人，如果有谁说，他确定性地知道是怎么回事，那么毫无疑问，他肯定是个骗子!

（写于 2015 年 3 月 18 日）

茅台是否是一只随时可以买的股票？

是否随时可买，取决于预期收益率，也就是巴菲特说的贴现率。如果你的长期预期收益率高于20%，没有随时可买的股票。但这个贴现率，既不要谈“合理”，也不要讲“估值”。我个人认为，超过10%贴现率，便与估值无关了。

熟悉我的朋友都知道，我不是什么价值投资者。但我对巴菲特这套投资理论也是非常感兴趣的，并且很熟悉。但熟悉不等于会照着去做。

所谓知易行难吧。

巴菲特对估值的解释很简单，就是对未来净现金流的折现。这里就涉及两个预期，一个是对投资标的未来净现金流的预期，另一个是贴现率（对自己机会成本的预期，因此也称预期收益率）。比如，20年后的1万元的净现金流入，如果用10%的贴现率折现，净现值为1 486元，打个对折作为安全边际，也有743元。这个叫“合理估值”。但如果用20%的贴现率折现，净现值就只有260元，不到1 486元的20%。如果用30%的贴现率折现，净现值为52.62元，需要97%的“安全边际”，那还能叫安全边际吗？更何况，股市里的平均预期收益率何止30%？我以前总以80%举例子，疯狂吗？但这就是市场现状！那谈什么合理估值、安全边际？完全没有意义。

市场上如果存在一个20年后可以实现10 000元净现金流入的资本物品，市场先生只能给出52.6元的现价，因为它认为，这个才是“合理的”。即使它哪天“疯狂”了，估值“狂涨”10倍，也是无法触及真正合理估值的。

2013年茅台大跌，某茅黑提出一个“250元钱买茅台是价值投资还是250?”的问题。我当时给他的回答是：既是价值投资，也是250。从那个时候到现在，茅台经历了大跌，然后持续上涨，年年分红，两次十送一，累计涨了80%多，复合收益率15%。显然，如果你的预期收益率是10%，当初250元买入，那就是价值投资。而如果你的预期收益率是20%，当时250元买入，那就是双加料的250！

反过来算，一个以20%速度持续增长的企业，绝对可以称之为优秀的企业。但你如果用20%以上的预期收益率对其折现，它的估值同样所剩无几。

如果你追随投资研究员的理论，认为合理估值应该是20倍市盈率，那么把当下的这个20倍的“估值”用10%的贴现率折现到20年前，同样会造成5.7倍的复利差($1.2^{20}/1.1^{20}=5.7$)，也就是说，20年前的“合理估值”应该是114倍。那么用20年后的20倍市盈率的价格折现到今天，又何尝不是114倍呢？而今天的合理估值如果应该是114倍，那么把它折现回20年前，又应该是多少呢？这显然是一个市场先生永远完全理解不了的问题。所以，市场先生的回答，只能是“树长不到天上去”。

事实是市场先生会抛弃这样的投资标的转而去追求短期内超跌从而可以出现大幅反弹，或某个月出现了“高增长”可以带来短期收益的品种。因为只有这样，才能实现超过20%甚至是30%的收益。人之常情。我也常讲，要寻找接力选手超越马拉松选手(茅台)，说的是同样的道理。究竟谁是市场先生，我们都是！当我们的预期收益率超过20%的时候，我们都是市场先生的组成部分。我们的表现方式就是130元钱买入这个20年后可以带来10 000元收益的投资标的，预期260元抛掉，去追求即期30%的梦想。然而，凄惨的是，当我们130元钱入手这个投资标的的时候，被牢牢地套住了！因为市场先生用的贴现率是30%，他们在耐心地等待着跌到50元！

如果长期预期收益只需要5%～7%，就像巴菲特说的，以国债利率作为贴现率，那么遇到茅台这种股票，恭喜你，你永远地被套牢了。

巴菲特算过一笔账，如果你用的贴现率是10%，一个自然增长率(不需要将当期收益再次投入或只需投入极小的部分即可取得的增长率)为6%的企业，它的估值是25倍市盈率。任俊杰兄在他的《奥马哈之雾》和《穿过迷雾》

中都提到过这段话，特别是《穿过迷雾》中已经讲得很通俗易懂①，但很遗憾，他并没有就此展开。

巴菲特隐去的计算过程是这样的：

$$\frac{100}{(1+10\%)}+\frac{100\times(1+6\%)}{(1+10\%)^2}+\frac{100\times(1+6\%)^2}{(1+10\%)^3}+\cdots\cdots=2\ 500$$

我们可以沿着这个模型继续往下算，如果我们把贴现率降为8%和7%，那么：

$$\frac{100}{(1+8\%)}+\frac{100\times(1+6\%)}{(1+8\%)^2}+\frac{100\times(1+6\%)^2}{(1+8\%)^3}+\cdots\cdots=5\ 000$$

$$\frac{100}{(1+7\%)}+\frac{100\times(1+6\%)}{(1+7\%)^2}+\frac{100\times(1+6\%)^2}{(1+7\%)^3}+\cdots\cdots=10\ 000$$

对应市盈率分别为50倍和100倍，相信这个已经超过市场的理解能力了。

别忘了，这个模型的前提条件是自然增长率只有6%（也不能小看这个6%，因为首先它就已经将用杠杆的企业排除在外了，而且很少有企业的增长是不需要再投资推动的），如果我们把茅台酒厂自20世纪50年代建厂时的出厂价到如今的酒价的平均上涨速度和喜诗糖果的产品提价速度拿来比较，那你绝对会相信，茅台的自然增长率绝不低于10%（产品价格上涨是不需要扩大再生产即可获得收益稳定增长的最重要的手段，更不要说茅台本身轻资产的特征）。用巴菲特的这个模型去算，任何高于预期收益率的自然增长率，估值的结果都是无穷大。因此，谈茅台的估值其实并没有太大的意义。

（写于2017年3月8日）

---

① 指任俊杰在他的《穿过迷雾》中翻译的1991年《巴菲特致股东的信》中的片段：几年前的一个传统观点，认为新闻、电视和杂志等媒体事业由于其折旧资金可满足资本支出的需要以及仅有着较小的营运资本需求，因此它们的经营利润可以在不必投入增量资本的前提下，无限期地以每年6%左右的速率成长。也因此，其报告利润（无形资产摊销前）全部都是可自由分配的利润，它意味着如果你拥有一家媒体事业，就等于拥有了一份每年可按6%增长的年金。假设我们用10%的折现率来计算这笔年金的现值，就可以得出如下结论：这个每年可赚取100万美元的生意，可以给出2 500万美元的估值（你也可将这一税后利润的25倍市盈率转换成税前的16倍市盈率）。

第 2 篇

市场真金，A 股，中国经济的水晶球

全流通
——愿望不能成为制定政策的唯一依据

出于对成熟资本市场的向往和对流通市场长期不景气的不解，大家开始了对全流通的大讨论，并纷纷根据自己的美好愿望设计了各种方案。但是相对于所遇到的一系列问题，全流通的意义真的有那么神奇吗？在中国经济建设的过程中，仅根据美好愿望所制定的政策不乏失败的先例，全流通是不是靠大家的热情就可以实现呢？

全流通所遇到的问题：

1. 历史问题：全流通与公有制的融合需要一个过程。

在长期计划经济条件下资本私有很容易被想象为私有化的开始，相对而言，只允许部分资本的部分私有会安全得多。

中国证券市场的发展可以简单地分为 1996 年之前的试点阶段和 1996 年之后的全面推广阶段。但即使是 1996 年之后证券市场也只是进入了一个以集中社会闲散资金支持国企生存为目的的阶段，即简单的筹集资金(俗称圈钱)阶段。这种圈钱几乎是没有代价的，给出的只是一个永远的小股东的资格(从一股流通股和一股非流通股相比较它们的股权是基本一样的，但大部分公司的非流通股远多于流通股，也就是说非流通股的总体权利大于流通股，且由于它不能流通，因此这种比例关系没有机会改变，致使流通股东实现自己的权利出现了严重的障碍)，得到的是源源不断的不需回报的资金。任何人都知道这种事情不可能无休止地进行下去，随着股市市值的上升，这种永远没有可能掌握资本支配权的所谓“股权”的价值已大受质疑。这种儿戏一般的运作模式严重阻碍了“资本市场”的发展。股民(我用这个词是因为他们不是把资本收益作为投资目的的人,并且人数的众多并不能改变公司股东大会上永远的少数派的命运。所以他们只是股票的持有者,并不是投资者)在市场中买到股票所代表的是一种“稀缺”,而并不代表“资本”,因而习惯成自然,他们对资本也没有太大的兴趣。正如经济学家于光远说的那样:“股票持有者并不代表股票私有,只有出现股票转让,卖出股票换取的货币才称为私有财产。应该区分公众化与私有化,股份化并不意味着私有化,更确切地说,与其说是私有化不如说是公众化。”正因为在中国的股票流通市场中无法实现控股,所以它永远只能是所谓的“公众化”的,换句话说,你买股票并不是把企业资产的一定比例变成了你的私有财产,你永远改变不了国有资产的性质,相反,是你的私有财产(也就是于老先生所说的“货币”)在一定意义上变成了国有资产的一部分。这也就是为什么这个“资本市场”中的资本运作从来只是符号和账目上的游戏的原因。正因为朱总理所说的那个“股份制”与老布什所说的那个“股份制”是完全不同的两个东西,股市中并没有资本交易,与优化资源配置没有任何关系,所以它无法从根本上解决国企问题。

资本需要主人。社会是人类的社会,不是资源的社会,资源实现最大效率的过程必然是人为的而不会是自发的。只有真正以利用资本的生产能力为目的的人,资本在他们手中才可能保值增值。这一点当然只有在资本控制权可以流动的情况下才能实现,而一个全流通的资本市场当然是最佳选择。

证券市场在最初设立时就存在缺陷是毋庸置疑的。但要求在十几年前的证券市场设立初期就形成一整套完美的模式也是不现实的。现在争论证券市场设立时的缺陷没有意义,因为回到当时的历史条件下,如果不这样,可能根本就不会有证券市场出现!历史的原因造成了现实与理想存在巨大的差距,决定了实现理想必然是一个渐进的过程。全流通不可能在一朝一夕就得以解决。

2. 现实问题:简单的供需不平衡决定了股市当前只具备承担筹集资金职能的能力。

历史原因决定了非流通股与流通股原本就是完全不同的两种东西,它们分别为不同的目标存在，有着不同的职能，一个代表对资本的权利，而另一个则更多的是一种符号、一种稀缺，是纯粹的圈钱的工具，或者说流通市场只具备筹集资金的职能而不具备优化资源配置和投资等其他职能。

中国作为一个长期实行计划经济的社会主义国家，积累一向是由国家来完成的，民间并不具备积累的职能(没有积累的能力甚至也没有这个权力)，在经济转型过程中也不可能迅速使其具备积累的能力和实力。从来不曾有过资本占有历史的劳动者也不太习惯利用其多年的劳动所得中的有限积蓄购买资本。民间资本短时间内根本不可能消化国有资产。“流通市场”自产生之初就并不具备对资本的足够的有效需求(借用经济学产品市场中的概念，指那种既具有购买意愿又具有购买能力的需求)，那么这十几年来这个市场筹集资金的职能又是如何实现的呢？答案很简单，就是政府利用行政手段控制流通股票供给量，使其总是小于发展中的有效需求量，即在市场中人为地制造一种稀缺。建立在稀缺性上的这种虚拟的股权价值就可带来极高的垄断利润，也支撑了“流通市场”筹集资金的职能。股民们所获得的收益从来都是来自于这种稀缺和稀缺度的变化，而不是什么资本收益。

加之当初的市场结构设计使“流通市场”的资本的供给也存在明显的障碍，习惯成自然，慢慢地股民们已经不再对资本有什么兴致了，他们感兴趣的只是那种简单的“稀缺”。一旦这种“稀缺”受到挑战，资本的真实价值就起不到任何支撑作用。在1996年行情启动前，四川长虹的股价一直在7～8元，而它在那几年的每股收益一直在2～3元，预期收益率之高，令人难以想象。如果用10～20年的预期收益的净现值去计算它的合理价格的话是根本无法解释当时的股价的。问及股民这个问题，他们的回答只有一个：“股市行情这么差，7元多买了还是可能跌到6元、5元的。”这只能说明他们还不能认同在失去稀缺的情况下以资本收益的形式享受投资回报。与之相对应，上市公司如果以资本收益的形式回报股民则显得得不偿失，据此，国内上市公司很少对股东派发现金红利。管理层对这种“稀缺”的作用深有体会，因此在这种“稀缺”出现过度，市场过热的情况下，制造一个“市场失去稀缺”的想象是唯一有效的调控措施。

1993年全国股票发行额度定为50亿元，到1995年仍未消化，致使股市阴跌不止，1994年无法公布新的额度，用股民的眼泪证明了市场的承接能力。1995年5月18日，管理层公布了暂停国债期货交易的决定，使资金迅速回流股市，触发“5·18”行情。5月22日管理层突然宣布恢复新股发行，公布了所谓的1994年额度——55亿元，“5·18”行情就此夭折。

1996年股市大涨，12月16日的《人民日报》社论给市场带来的只不过是一个快速的深幅调整，然后就又重拾升势，到了1997年政府运用了各种手段为股市降温，丝毫不起作用，最后一纸空文所谓的300亿元额度就把股市带入了两年的熊市。

说它们只是“市场失去稀缺”的想象是因为无论是1995年公布的55亿元还是1997年公布的300亿元都并不是人们所认为的那样，在一个很短的时间内实现，更没有出现如市场预期的1997年300亿元、1998年500亿元的情况。事实上1994年的额度到1996年才基本发完，1997年的额度到2001年3月才完全被市场消化。

那么2000年牛市是如何结束的呢？是国有股减持的想象，它被市场按照习惯的思维模式想象为了全流通，想象为了数千亿元甚至数万亿元的额度了。尽管有人称，“如果按2001年中期沪深两市每股平均净资产值2.60元减持，全部非流通股转为流通股总计需要8 703.97亿元资金，相当于2001年10月底流通市值14 560.16亿元的59.78%，这样的资金规模，市场是可以接受的”。尽管2000年这个流通市场的确是已经发展了，承接能力的确是比1997年又有所增强，但历史告诉我们，8 703.97亿元和当年的300亿元比起来，这个“额度”还是有点大。从稀缺性，也就是从流通市场的现有职能(即筹资职能)来讲，接受不了。

随着股市市值的不断提高，民间积累的有限性决定了稀缺性带来的垄断利润已明显不如以往那么取之不尽用之不竭了。市场需求在供给达到一定水平后表现出了极差的价格弹性，即使是怎样降低价格，需求都不会明显上升。从市场结构的角度讲，要求这样一个卖方垄断的，同时需求不具备价格弹性的市场实现优化资源配置职能也是无法想象的。而如果将其转变为自由竞争的市场，则要求经济主体本着自身利益最大化的原则决定对股权的选择，包括经济主体公平的选择权及股票的公平的被选择权(意味着流通股稀缺性的丧失)。这不符合股民的习惯，不但不能启动市场的相机抉择机制，还势必因缺少承接而带来混乱。无论任何一个全流通的方案都是在无法有效提升需求的前提下在短期内大幅增加了有效供给，区别仅在于供给价格。但当大家发现自由竞争条件下的供求平衡点远低于资本的实际价值和净资产时，给股民带来的不会是兴奋而只可能是恐慌。那时即使是把国有股白送给股民也只会引发新的下跌。俄罗斯当年无偿赠送国有股权的后果就是前车之鉴。因此，供给价格的高低并不能解决供求不平衡的问题。

为什么要全流通?

1. 为了赋予证券市场以优化资源配置的职能?

如前所述。就如同“非流通市场”不具备承担筹集资金职能的能力一样，“流通市场”现阶段不具备承担优化资源配置职能的能力，全流通等于使股民手中的股票具有了股权，真正代表了“资本”，作为条件而使“股票”丧失“稀缺”，也就是说，拿去他们心爱的东西，然后给他们一些他们所不熟悉的东西。这种尝试自然只会失败。流通与非流通市场为截然不同的目标存在，由不同的东西支撑，代表着不同的意义。为不同的需求者提供的不同产品在两个截然不同的市场上交易，这其实很正常。在这两种目的既没有消亡也无法融合的情况下，将二者合并(全流通)将会损害到至少一个目标，甚至是全部。如此得不偿失的事情为什么要去做呢?

2. 为了国有股减持?

如果把“全流通”作为国有资本退出方式选择的问题，目前管理层的做法是最明智的:全流通并非当务之急，更非减持必经之路。面对庞大的国有资产只能采取行政控制为主导的交易方式，这个过程不宜用完全自由竞争的市场机制引导。同时，也只有在“非流通市场”中才会有真正的资本的有效需求出现,政府可以根据看得到的现有的需求决定自己的供给量。因此,在这里才可能形成真正的资本交易市场的雏形。这是一个比较保守的方式,但效果很可能要好于任何一款激进方式。

3. 与苏东的国有资本退出方式的比较。

其实所有的原社会主义国家都存在民间积累不足的问题,因此在国有资本退出的时候所遇到的状况有很大的相似性,至今尚无一家取得完全的成功,其中许多东西都是我们应该引以为戒的。

东欧、独联体国家近十年的产权改革中,以证券(投资券)方式向公民平均分配国有产权的“大众私有化”是最突出的一项制度创新,也是引起争议最多的一项政策。其中俄罗斯最具有代表性。

俄罗斯政府最初采取的办法是无偿赠送。经有关专家评估,俄罗斯的国有财产总值1.5万亿卢布,人口是1.5亿,于是每个俄罗斯人领到一张1万卢布的私有化证券,可以凭证自由购股。可是,到私有化正式启动,已是1992年10月,此时的1万卢布,只够买一双高档皮鞋,无偿私有化成了天方夜谭。此计不成,又生一计:低价卖国有企业。结果,大批国有企业落入特权阶层和暴发户手中,他们最关心的不是企业的长远发展,而是尽快转手盈利,职工既领不到股息,又无权参与决策,生产经营无人过问,企业效益每况愈下。

与俄罗斯及其他东欧国家不同,匈牙利对国有资产的处理奉行的是“只卖不分”的政策,这与我国目前采取的政策极为相似。为了解决民间积累不足的问题,政府先后推出国家银行的私有化贷款,又称“生存贷款”、建立中小企业抵押信贷公司、推出职工参股计划和小投资者参股计划。但结果仍是本国居民只能购买小企业或中等企业的股份,国内微弱积累与国际资本无法相提并论,最终外国资本控制了大部分经济领域。历经8年的匈牙利私有化运动终于宣告基本完成。在这段时间里,国有资产占主导地位的局面彻底结束,80%以上的生产资料成为私人财产或外国资本的囊中之物,国家保留的国有资产减到社会总资产的20%以下,与西欧混合经济中的所有制结构相类似。匈牙利8年的私有化造就了新生的资产阶级及其政党,成就了千千万万个冒险家发财致富的梦想;也使数百万的人生活水平下降,甚至无家可归。国家的许多经济部门,特别是银行被外国资本所控制,经济连续几年滑坡,人民普遍生活水平下降。

4. 为了"全流通"而"全流通"?

从苏东(苏联与东欧原社会主义国家)各国国家资本退出的方式可以明显地感觉到那种所谓的"激进式"改革是一种为了私有化而私有化的方式,我国一向主张采取"渐进式"改革,对苏东的这种激进的方式一直持反对态度,所以在很长的一段时期内,坚持国有经济在国民经济中的核心地位。仅仅是为了"全流通"而去"全流通",要求股民和国家付出这么大的代价,是否值得?而就我国目前的情况看,如果强行推行"全流通",付出一定代价后,还是有条件进入一个为了"全流通"而"全流通"的局面的。前提条件是任何技巧型的方案都是不可取的。因为在国有股减持问题上,政府已经从后台转到了前台,成为投资者的直接交易对象,卖方垄断市场的结构决定了没有什么技术性的措施可以使市场价格稳定与加大供给兼顾。但这似乎一点也没有影响"永动机"的设计者们的设计热情。

笔者的全流通方案:

1997年亚洲金融风暴,中国香港股市重挫。此后,香港政府组织资金,宣布入市干预,信任政府的投资者们获得了极其丰厚的回报。政府投了一笔资金,但明确指出只是应急,事后资金必然撤出。事实证明,市场就此进入了良性的轨道。没有什么精巧的设计,简单而直白,靠的是实力与魄力。

金融在很大程度上是一个靠信用支撑的产业。信用很大程度上靠的仍旧是实力。中国的国有股减持经历了太多的反复,失去了太多的信用,暴露了政府减持的急切和实力的不足。如果全流通是减持的必经之路,香港政府当年的做法是唯一可以借鉴的,也是最简单的!

看了许多"全流通"方案,大同小异,全好像是流通股东欠了非流通股东的钱,非流通股东追着流通股东屁股后面讨债,于是设计了若干还款方案,精巧、复杂,哪一个拿出来都够流通股东还个三年五年,股市跌个三年五载的。

如果换个思路呢？

流通股的价格往往远高于非流通股，非流通股东为什么就不应该先拿出点钱来呢？

1. 补差价。

不用补给流通股东，也不用计算什么"预计全流通后的价格"，不好操作，也缺乏合理性。

笔者认为可以就按股票一定时间段内的上下振幅不超过一定比例的平均流通股价与净资产值或净资产值的调整数(比如可以根据近年的净资产收益情况乘以一个系数)的差价，由非流通股东直接缴入公司的资本公积金。纯属自愿，绝不强迫。缴款一定时间后，已缴差价的非流通股即可上市流通。这样既能增加公司的净资产(后缴款股东计算公司净资产时应扣除这个增加额)和流动资金，使股东权益增加，经营能力增强，又可以让非流通股东承担部分责任和股价波动的风险，不会一股脑地把非流通股全转成流通股再抛向市场，极大地降低了可能给流通市场带来的压力。比如预计股市要下跌时社会法人股肯定不急于转股，否则市场价格可能很快就低于补的差价了，资金实力不强的社会法人股东也只好做一个长期搬运工，把手中的非流通股分周期地一点点转成流通股。再比如垃圾股，特别是净资产为负的股票则会出现转股差价高于市场价格的状况，这样的股票转股的可能性就小了许多，大股东必然要全力提升公司业绩才有机会转为流通股。而国家股在行情不好时转股则可以表明其对股市的信心，但可等到市场过热时抛售，起到为股市降温的作用。香港政府可以这样做，我们为什么就不可以？其实也就相当于央行的公开市场业务。这个方案的最大优点在于政府可以根据需要和市场承接能力决定转股和抛售的节奏，使市场仍旧保持一定稀缺性，对市场筹集资金的职能影响较小。

2. 非流通股东每买入两股流通股可转股一股。

非流通股东买入一定数量的流通股并持有一定时间后，可以将一定比例的非流通股转为流通股，如果急于变现则可能遭受数倍的损失。要不要转股在任何时候都会有分歧，这样也能化解一定的转股压力，市场总是有人在买有人在卖，而且是必须先买才能卖，必然在一定程度上起到活跃市场的作用。尽管理论上卖的要比买的多，但事实上对于一个大股东来讲，买两股卖三股的难度很大，因而一买一卖的周期会很长，大部分股东在买入后为了不造成亏损就要长期持有一段时间，许多非流通股东甚至会知难而退，一些资金实力不很强的股东更是需要一段很长的时间来完成这个任务。国有股的减持也由原来的只卖不买变成先买后卖。如果操作得好，这个方案可以回收比第一种方案更多的资金，但回收周期会比第一种方案更长，政府介入市场的程度更深，且涉及股权变动频繁，较容易引发关于全面收购的法律责任，需进一步规范。

两种方案之间并不存在冲突，都是非流通股东的选择性权利，因此可以配合使用，由非流通股东自己选择最适合自己的方式。这两种方案虽不能一次性地解决全流通问题，但它避免了由于全流通造成的股市在短期内严重失血，并在一定程度上为股市注入了活力。只要有一个充满活力的市场存在，非流通股问题就总是有机会一点点地解决，国有股减持也可以在市场能够承受的范围内逐步实现。它与那些竭泽而渔的方案的根本区别在于尽管非流通股东还掌握着是否加入流通的选择权，但全流通的风险已由流通与非流通股东共同承担了。这样，在行使选择权时，非流通股东就会相对慎重。从而不可能出现大家一起买或一起卖，使市场承受不了的局面。该方案甚至不影响国有股在非流通市场中的减持，新股东买入国有非流通股后仍旧可以选择是否将其转为流通股。

如果这样的方案还是不能被非流通股东所接受，可以想象，他们所要求流通股东在全流通过程中所承担的是怎样的风险。如果全流通的过程中一方只存在利益，风险完全由另一方承担，那么无论方案多么精巧，这个纯粹的牺牲品让谁去做呢？

（写于2004年1月9日）

保持股市适度稀缺还是给它投资价值?

2004年在股市持续近半年的下跌,把国务院九条意见牢牢地套在天上之后,市场上再次传来“对股市重新定位”“纠正不恰当的制度安排”之类的言论。在1 300点的生命线即将被击穿时,市场听到的是“不救市”的传言。市场的痛心、投资者的失望在2004年9月9日的盘面中表现得淋漓尽致。

投资者为什么会失望?他们凭什么对管理层救市抱有期望?他们凭什么认为在这样一个被专业人士认为仍没有投资价值的点位管理层有救市的义务?

这要从中国股市的起源谈起。吴敬琏先生也承认“在当时历史条件下,政府(对股市)的定位是股市要为国企融资服务,这种定位所设定的制度安排有很多根本性缺陷”。当时的实际情况是中国在经历了长期计划经济时期之后已经习惯于积累由国家完成,民间没有积累的能力甚至没有积累的权力。改革开放虽然使社会小有闲散资金,但社会上并没有形成足够的对股权这一资本物品的需求,就在这时股市横空出世了。很多所谓的“投资者”那时根本就不知道自己买的是什么,投资价值又是什么,后来者也只是见到先行者们的丰厚收益才跟风买入,而这种收益是股票的投资价值所无法想象的。直到目前为止这一点并没有根本性的改变。

巧得很,与没有对投资价值的需求相对应,这个市场中也没有具有投资价值的资本物品可提供,甚至其代表的股权也是被“分置”过的。但正如吴老先生指出的那样,股市就是为国企融资服务的,有投资价值要融资,没有投资价值也要融资。于是在既没有对投资价值的需求也没有投资价值供给的条件下,买卖双方一拍即合,一个中国特色的只具备筹集资金单项职能的“准资本市场”就这样产生了。那么它筹集资金的职能又是靠什么实现的呢?靠的就是吴老先生所说的那个“缺陷”,也正如吴老先生指出的那样它“降低了供给,股价就上去了,所以就能溢价发行了”。很简单,管理层在这个市场成立之初就一直保持着交易标的物的稀缺性,这就使得最先进入这个市场中的“投资者”得以获利,赚钱效应使得越来越多的“投资者”加入其中。每当这种稀缺品严重供不应求时,管理层就用加大供给预期(一般是发布一个什么额度)的方法为市场降温,而当市场低迷时就做出一个保持市场适度稀缺的承诺(即所谓救市)以维持它的筹集资金职能。

现在有人要拿走“投资者”所熟悉和钟爱的“稀缺”,换之以其不熟悉的“投资价值”,他们当然没有办法接受。中国股市与其说是资本市场或赌场倒不如说更像收藏品市场。比如说邮市,如果你要对集邮者解释应当根据每张邮票所能寄出的邮件的重量对其“重新定位”,相信也是一件难事。至于说解决什么“股权分置”则更是一个莫名其妙的话题,A股、B股、H股是什么?那不是最典型的股权分置?不同的物品在不同的市场上交易本无可厚非。但匹夫无罪,怀璧其罪。从信封上剪下来邮票可以拿到邮市上去卖高价,有谁不想?

时至今日,管理层仍可以声称自己从来没有对保持股市的适度稀缺做出过承诺,这与保护公众“投资者”权益完全是两回事,尽管十多年来适度稀缺是公众“投资者”权益的唯一载体。

如果以往的历次股市低迷时管理层所提出的一系列救市措施如停止新股发行、暂停国家股减持、停止国家股减持、声称保护“投资者”权益都只是“投资者”对管理层做出了“保持股市适度稀缺承诺”的一种幻觉,那么“推倒重来”所推倒的就只是一种幻觉、一个泡沫,而不是政府承诺!如果管理层明确表示这只是“投资者”的一种误解,并且目前管理层要做的是解决市场缺陷,让股市具备投资价值,相信大多数“投资者”会表示理解。毕竟治病往往显得比救人更重要。一旦他们知道这个市场里并没有他们所需要的东西,明白那些在远没有投资价值的价位购入的,且目前仍远没有投资价值的股票永远不可能解套的时候,他们就会带着失败的伤痛离开这个市场。这没有什么不公平。

但如果继续利用“投资者”这种对适度稀缺的幻想以维持股市筹集资金的职能，就显然违背三公原则了。那等于是对一些从来不需要寄信的集邮者无限度地溢价发行邮票。可笑的是不停地有人在告诉他们，“我为你们争取来了权益，尽管这些邮票现在远没有你们当初买的时候值钱，但用他们寄信已经显得很划算了”。

集邮者在邮市中占了太大的比例，他们的退出使邮票价格没有能力维持在任何位置，无人承接使得面值毫无意义。唯一值得庆幸的是老邮票不能像股票一样可以随时增发。如果以邮票面值作为1 000点，有什么力量可以使“邮市指数”维持在1 000点之上呢？失去稀缺的市场，邮寄价值、千点论不过是一个神话而已。

目前股市已经到了一个重要拐点，无论是保持市场适度稀缺还是使市场具有投资价值，是管理层必须做出承诺的时候了。救市是一个承诺，不救市也是一个承诺，没有是非之分，关键是不可轻诺，这个承诺一旦做出就必须履行。在这个市场中的“投资者”(实际上是收藏者)与真正的投资者已经到了水火不容的地步了，如果管理层选择了收藏者(救市)，那么收藏者们看着自己手中那些不那么有投资价值的股票不断上涨，他们会感到满意，市场筹集资金职能会得以维持；如果管理层选择了投资者(不救市)，那么投资者们看着自己手中那些不断下跌的股票越来越具有投资价值，他们也会感到满意，虽然他们的实力还不足以支撑起市场资源配置的职能，同时市场筹集资金职能会丧失，也值得；但如果管理层不做出任何承诺或承诺后不兑现使得市场难以形成准确预期从而越来越混乱，收藏者与投资者都会不满意。

大家都听过商鞅立木的故事，这件小小的事情是商鞅变法得以成功的关键步骤，并使他成为中国历史上著名的改革家。他所立的真的只是一根木头吗？他立的是一个“信”字，他要说明的只是一件事：官府是讲信用的，服从官府的安排是会有好处的。如此可见“立信”是改革得以成功的重要保障。相反如果在一开始他就对旧的制度实施推倒重来，很难想象结果会如何。王安石与司马光在中国历史上都不失为大政治家,但正是他们使得大宋朝由盛转衰,其实他们与商鞅相比只不过多了一些推倒重来,少了一些立木而已。

(写于2004年9月16日)

股指期货，这回咱烧谁？

目前国人对股指期货的了解还仅限于它是个“金融衍生品”，但很少人知道“金融衍生品”是什么。也有不少人知道日本当年是毁在这个上面，一个股指期货拿掉了日本几十年的积蓄，经济至今没能恢复。但他们并不清楚，当年貌似强大的日本经济只是被美国金融资本家货币创造时，用来对冲一下系统风险而已，哪里知道，它就那样垮了！

要说清这个问题，首先得从美国《格拉斯—斯蒂格尔法案》说起。

《格拉斯—斯蒂格尔法案》，也称作《1933 年银行法》，其中最主要的一个内容就是将投资银行业务和商业银行业务严格地划分开，保证商业银行安全，同时严格监管投资银行业务。实际上当初它只是在大萧条时期美国政府的一个头痛医头脚痛医脚的政策，但它对美联储及之后的世界金融的意义之重大，在当时是难以想象的。

它使得美联储在美国政府之外获得了第二个备用的“安全债务人”，而“安全债务人”是美联储货币投放的必要条件，因此它直接造成了美国得以投放更多货币的能力，对此后的布雷顿森林体系及 20 世纪 70 年代美国乃至世界真正脱离金本位的作用都是不可磨灭的。

货币投放能力提高的直接后果并不是通货膨胀(因为货币并不是中性的，短期不是，长期更不是)，而是更大的货币需求，若萨伊再世，只怕要把萨伊定律改为“货币供给可以自发地创造它的需求”。货币需求对金融资本而言便是获利机会，但《格拉斯—斯蒂格尔法案》的监管使得金融资本家们丧失了许多机会，同时使得美联储投放的高能货币只能是低效率运行，于是金融行业刮起了一阵阵的“金融创新”之风，金融衍生品便是其中的佼佼者，它使得金融资本家“货币创造”来得是那样的得心应手。

金融资本家“货币创造”的原理是提高货币的效率,用中国人的话讲就是“一个钱当两个钱用”,只不过人家是一个钱当 10 个,30 个,甚至是 60 个用。货币效率低有低的好处,那就是风险也低,货币效率高有高的坏处,那就是风险也高。“金本位”之所以在工业革命后成为一项高危货币政策,就是因为它使得金融体系必须一个钱当一万个用!这是题外话,我们还是回到金融衍生品上来。

金融衍生品的重要作用,就是把货币高效率运转的风险转嫁出去。可怜!这个风险是转嫁到火星上去了吗?没有,它仍旧在金融体系内,再怎么转嫁,不会改变系统总风险,不过是把系统内的每个单独的个体所制造的风险紧紧地锁在一起,压制在金融体系内而已。于是系统风险就这样不断堆积。

这很像三国时期的火烧赤壁,当时庞统的连环之计,“把那些船拴在一起就牢靠了,稳了,不受风浪冲击了”。

当初日本人就是信了这个,于是 20 世纪 80 年代,为了满足扩张的需要,日本进行了金融改革,鼓吹金融自由化,准许不同行业的金融机构以子公司方式实行跨行业兼营,并大胆尝试“金融衍生品”……

笔者相信,当初美国人可能并没有故意去害日本,只不过有这样一个小兄弟肯站出来承担风险,特别是 1987 年美国股市崩盘之后,美国金融资本家们把风险一股脑推过去的冲动是可以理解的,要怪也只能怪,日本的船还是太不结实了。这又有点像是金庸笔下的“韦一笑”,每次施展完轻功之后就必须捉一个人,喝干他的血,否则自己就会受很重的内伤,南美(债务危机)、日本、亚洲(金融危机)无不如此,不过是他们正巧遇上了。

这里需要说明的一点是,当时如果日本央行能够更负责任一些,不要和美国人合谋制造“日元升值压力”的谎言,正确面对货币供应严重不足的事实,扩大高能货币供应,而不是由金融体系提高货币效率和哄抬货币价格(升值)来解决,就不会使日本的经济在那么短的时间内变得如此不堪一击。

回到三国时代。

可笑的是，在火烧赤壁后那么短的时间后，火烧赤壁的当事人之一，刘皇叔，便再次犯下了同样的错误，之后是被陆逊火烧连营。

1999年，美国通过《金融服务现代化法案》，亦称《格雷姆—里奇—比利雷法案》，废除了1933年制定的《格拉斯—斯蒂格尔法案》有关条款，从法律上消除了银行、证券、保险机构在业务范围上的边界，结束了美国长达66年之久的金融分业经营的历史。其结果是商业银行开始同时大规模从事投资银行的活动。

“风向”这东西，当年曹丞相都没搞明白，你刘皇叔能高明到哪儿去呢？

之后，贝尔斯登，就成了火烧连营的第一顶帐篷。

更为可笑的是，在远比那小得多的时间间隔后，中国推出了股指期货。

现在已经到处都可以听到庞统们振臂疾呼，要求银行混业经营的声音了。

中国的央行，对此的反应是，我们不怕！

为什么呢？

因为中国央行不同于美联储也不同于当年的日本央行。它并不真的投放货币！它只是负责收藏货币而已，它更愿意让自己看似“美联储中国分行”。它的高能货币的投放量1985年的时候是外汇储备的21倍，经过多年的努力，到2009年时已不到外汇储备的80%，也就是说，它每收到1美元的外汇，只投放相当于不到0.8美元的人民币，然后在那里大叫，人民币有“升值压力”！天大的笑话！

2009年央行通过央票向金融机构借的钱是1999年的337倍！相对应，2009年的央行对金融机构的债权余额竟然与1999年持平！也就是说，十年了，我们的央行没有向金融机构投放一分钱货币，却不断用央票向它们借钱?!

中国央行，近十几年来，它只把钱借给美联储(买美元)；或者是借给美国政府(买美国国债)。所以它在国内市场投放的，不过是“美元代金券而已”，也就是说,想要人民币可以,拿美元来换!这一点,看外汇储备量和人民币投放数额比例就很清楚了。

我们跟美国的分工就是,我们负责生产,美国负责印借条(美元),请注意,这些借条中大部分是美国金融体系货币创造的产物,并不是联储券。然后我们把我们的产品中相当大的一部分作为“一般等价物”抵给美国人,换回对他们的借条,然后央行强行把这些借条收去,换成“美元代金券”用于国内产品的流通。由于人民币投放严重不足,造成人民币越来越难赚,商人本性造成什么钱好赚就赚什么,于是制造商只好去赚美元,结果是国民收入中越来越多的比例被用作“一般等价物”去交换美国借条,老百姓更是只得勒紧裤腰带把节省下来的产品当作“一般等价物”换取美国借条。央行闭着眼一想,这样下去,这么多的美国借条流入中国,如果全换成“美元代金券”,必然会“通货膨胀”的!于是进一步紧缩银根,于是人民币就更加难赚,老百姓也只好进一步勒紧裤腰带换取美国借条……如此循环往复。国家的货币供应,也就只有靠越来越多的“美元代金券”在国内越来越低效率的使用来维持。

这里我要说的是,既然央行不向银行投放货币,它是混业还是分业,它安全不安全,央行自然不会在意。

这一切的另一个严重后果就是,十几年来,中国央行从未间断的货币紧缩政策,像一部巨大的抽水机,抽干了国际货币的流动性(白条也不是可以无限打的),即使没有金融危机,美国也再难找到足够的“安全债务人”用于货币投放了。于是中国的外汇储备,长期大幅高于美联储资产负债表规模。触目惊心啊!

想想看,这样的情况下,火点起来,风会向哪儿刮呢?

目前只怕谁都没有勇气给出答案。

(写于2010年5月26日)

中国股市为什么不可以 T+250?

这些年,巴菲特真可以说是出奇的火。他的每一句话都被他的拥趸者每日背诵,可是有时背着背着,就变味了。

巴菲特的投资理念从所谓的“设想股市在隔天关闭,而在 5 年后开市”被大家不停地传诵,于是作为对中国股市 T+0 建议的反建议,“价值投资者”们纷纷提出,中国股市为什么不可以 T+250 甚至是 T+5 年?

这个问题要是研究起来,那可就深了。不过,有兴趣的话,倒是可以聊一聊,只是把几大央行加上证券监管部门的头儿全叫来,估计也只有伯南克能听懂一半,还得是有翻译的情况下。其他人,估计听不到一半,便已经睡去了。

要研究这个问题,我们得从那个“价值投资者们”深恶痛绝的“市场有效理论”说起。你要说市场是有效率的,巴菲特一定会笑,因为他赚的就是市场低效率的钱,俗称“套利”。

说到这儿,那群小孩儿又该“壮怀激烈”了。不过,他们改变不了的事实就是,巴菲特所谓的“价值投资”不过是一种另类的套利,只是他的套利模型比其他人简单得多。其实这一点,巴菲特自己从来都不否认,只是他的部分粉丝不能接受而已。巴菲特过去利用的是咖啡豆、烟蒂,现在利用的是投机者们对远期估值给予的巨幅贴水。

明白这个,下面就不难明白,市场投机气氛过浓,的确很令人头痛,但如果投机者们都走了,就剩下巴菲特跟芒格两个人,市场又会怎样?所以巴菲特说他不怕“T+5 年”,只可能有两个原因,第一个是,他在说谎,第二个是,他还没明白,那意味着什么!那才是真正的“市场完全无效率”。

都会说股市是经济的晴雨表，但还是没人明白，怎么它就被“晴雨表”了呢？巴菲特对这个东西的理解已经高于所有无论是在世的还是过世的所谓“经济学”家，但他只能理解到，货币紧缩时，股市是赚不到钱的。仔细研究过巴菲特的人才能明白，他总是一边讲着，“通货膨胀时期，股市赚钱很难”，一边主攻课题却是，“通货膨胀赚钱三十六计”。

股市、经济谁也不是谁的“晴雨表”，它们不过都是货币的函数而已。

货币，万恶之源，但我告诉你，没有它，经济一定会完蛋！

经济学家在这个问题上的愚昧，在于他们恪守祖师爷留给他们的一条价值悖论，叫作“货币中性理论”，它是亚当·斯密“水与钻石”悖论的续集，皆源自原始价值理论的荒谬，在这里就不多说了。

“货币中性”，就是不承认货币可以创造价值，所以，即使是自封为货币学派的弗里德曼，在口口声声“货币最重要”的同时，其实并不明白货币是什么。

他们认为“货币中性”的一个重要原因，据说就是加大货币投放量时，会发生传说中的“通货膨胀”。其实那个东西真的只是一个传说。

货币是循环运转的，而且这东西，只要你有能力提供(仅指有效供给)，它是能自发地产生新的需求的，所以，正常情况下，它是不会胀出来的。这里唯一需要进一步深入研究的是，货币循环过程中，如果……它被堵在了什么地方。

资本市场是货币循环的一个泵房，是货币效率的加速器，它可以根据货币的需求决定货币当局投放的高能货币的使用效率。它可以把货币转为产业资本，进而增加社会产出和就业，调节货币供应在生产和消费间的分配比例，进而形成足够的新的货币需求，从而形成一个循环通路。但你要是把效率提得太高，经济体就会像一部超负荷运转的机器，搞不好哪个齿轮就会飞出去。所以，如果你的经济设备过于陈旧，经济过热，确实是存在的。

比如说 1929 年的美国，石油和流水线生产方式的广泛应用使货币需求激增，当胡佛总统承诺，在他的任期内使“每个家庭的车库里都有一辆车，锅里都有一只鸡”的时候，他却忘记了，当时的世界还停留在“野蛮的遗迹”上，货币当局对货币的理解也仅限于“同比增量,环比增量,否则通货膨胀”的水平上。于是,这时的华尔街,连真假股票辨别都有困难,却支撑了美国如此突飞猛进的货币需求。不崩,才怪。

历史竟然是如此惊人和愚蠢的相似(或许正是由于愚蠢,才会相似),70多年之后,美国的另一位总统,承诺让他的国人都能住上属于自己的房子,而不久后,美联储开始紧缩银根。于是华尔街再次超负荷运转……

归根结底,过热的原因在于,货币当局提供了过少的货币,致使资本市场承担了它力所不及的货币供应(加速)任务。对“大萧条”的理解,凯恩斯与伯南克的水准比弗里德曼已经不知道高出了多少。但他们仍不能完全理解,“货币”为什么“非中性”。

与此相反,你要是把这个“泵房”的250个阀门,关得只剩不到3个(T+90),甚至是1个(T+250),这会使它瞬间内变得完全无效率,货币就必然会堵在那里,想进时进不来,想出时出不去。它与第一次和第二次石油危机完全有异曲同工之妙。

货币如水,这个门进不去,只好去别处,炒房子、炒地皮、炒黄金、炒郁金香、炒大蒜、炒绿豆、炒茅台……全都有可能。结果一边是产业资本失血造成社会总供给降低,失业率上升,另一边却是“流动性过剩”假象。

货币当局于是以“流动性过剩”为借口,紧缩银根,结果是产业资本进一步失血,失业进一步上升,货币于是从产业资本中流出,从而减少了产出,推动物价进一步上涨。我称之为通货紧缩引发的物价上涨。怎么会有人管这个叫“通货膨胀”,摆明了,是骗人!如此往复,直到经济崩溃。

这样便不难理解,所谓“滞胀”其实不过是“智障”。其直接原因,不过是市场低效率以及货币当局错误的货币政策。

投资者对自己所持股票长期持有,一年、两年,甚至是十年不交易是一回事;股票停牌一年、两年、十年是另一回事;而交易市场交易制度一年交易一次,就又是另一回事了。适用微观的理论推广至宏观,多有不适,如果确实想推至宏观层面讨论这个问题(因为提出的是交易制度,而非个人交易行为),

分析时就必须加入更多的变量,把它作为一项系统工程来考虑。不能仅凭一厢情愿。现在新股民比较多,股市初期曾经提出这个问题的人很多,也像现在一样,论战很激烈。但是仅加入了一个货币变量——这个变量是必需的——便已经没有人看得懂了,于是纷纷放弃。这些年来,国内可以见到的货币学的书籍越来越多了,经多年苦读后,对这个问题还是有了新的理解,但仍苦于无人能懂。

巴菲特和我们共同的幸运,在于没有生活在马克思所描述的,经济危机作为资本主义的痼疾十年必来一次的时代罢了。

说了这么多,相信已经没有人看得懂。其实我只是想告诉大家,投机者,才是市场的必要组成部分,"价值投资者"们,是要靠他们养活的。所以,千万别太拿自己当回事。

(写于2010年6月13日)

揭开中国股市十年熊市之谜

2011年,2 134点,中国股市仿佛又回到了十年前。中国A股成为当之无愧的全球熊市之冠。

无数的哀怨,无限的凄凉,股市中充斥着无助的投资者。

虎兕出于匣,龟玉毁于椟中,谁之过与?

对此许小年先生给出的答案竟然是:

A股十年上涨为零,谁还相信价值投资?其实这因果关系应该反过来,因为炒股不看基本面,所以股价不反映公司盈利,无论盈利和GDP如何相关,股价也不反映GDP。要想股市成为经济的晴雨表,投资者必须认同和实践价值投资。价值投资未死,它从来就没活过。

仿佛这一切,原本都是中国的投资者自己的过错,自己没有进行"价值投资"!

真是滑天下之大稽!

投资和投机都是获利的方式,但投资是有产出的,而投机往往是利用闲置所造成稀缺进而获利,它不仅没有产出,而且对社会危害极大。

然而,当利用闲置可以获取超过产出更多的收益时,你凭什么要求别人相信价值投资?而许先生所一贯坚持的高利贷货币政策本身就是一种闲置性获利方式,同时它也正是鼓励闲置性获利打击产出式获利的利器!

正是10年来中国在一群急于接轨的专家们的怂恿下所坚持执行的高利贷货币政策(凯恩斯转引过一句19世纪的谚语:"约翰牛(指英国人)可以忍受许多东西,唯独受不了年息2厘。")造就了经济发展的瓶颈,堵塞了资本产出性获利的渠道。产出受限,囤积便成了极好的获利方式。于是,廉价出卖劳动力，闲置及出卖资源成为中国经济最主要的获利方式。闲置性获利有着很高的利率承受能力，而产出式获利在高利率面前却是不堪一击的。货币供应不足已经成为中国经济的毒瘤，然而高利贷贩子们的叫嚣却从来没有停止过！

10 年来的高利贷政策所造成的货币瓶颈使得资本扣除风险补偿后基本没有收益，GDP 的增长只能依靠廉价出卖劳动力以及囤积并出卖资源实现，试问，这样的 GDP 如何可能与资本市场及资本市场回报相关？

货币是经济的润滑剂，中国的资本市场就像是一部缺少润滑剂的机器超负荷地运转着，随时可能有某个齿轮飞将出去。在这里投资，只能把希望寄托在好运气上，请问，这和赌博还有什么区别？而制造这一环境的高利贷贩子们及其代言人有什么资格去责备这个游戏的参与者呢？

资本主义市场经济运行的法则是资源根据其产出参与生产却依其稀缺性进行分配。这也就是说，当一项资源的效率提高，产出上升时，它的稀缺度必定是下降的，从而必然地造成价格的损失。正是由于这一原因，某一资源的垄断性持有者必然有着增加闲置、降低资源效率推动价格上升的冲动。货币的提供者们正是这样做的。这正是货币成为人类经济史上长期严重制约经济发展的根本原因。

请看美国著名经济学家保罗·戴维森是如何解读西方中央银行高利贷货币政策的：

中央银行公布的通货膨胀目标是用来激发工商企业员工的恐惧感的工具，如果他们要求工资上涨，将让他们面临失去谋生的工作机会的危险。这一限制货币收入需求增加的政策，可以称之为“恐惧性收入政策”。这样做的目的是要让广大劳动者相信，中央银行会不惜一切代价阻止高额工资或其他收入要求在市场上合法化。一项紧缩性货币政策，能够充分减少市场需求。而对利润亏损的恐惧能够让经理人员的腰杆儿更硬，他们可以拒绝工人提出的增加工资的要求。另外，员工们对于失业的恐惧也能够扼杀他们提高工资和福利待遇的要求。

真是太精典了，总结为一句话就是，西方的中央银行，就是资产阶级用来镇压无产者提高收入的打手，紧缩性货币政策就是它们手中的大棒！然而保罗·戴维森只知其一，不知其二，紧缩性货币政策不仅是资产阶级用以剥削无产阶级的工具，同时也是金融资本榨干产业资本的利器。经济就是一个投入产出过程，由于各要素的所有者依要素稀缺度进行分配，货币持有者由于集中度高，便有着极强地人为制造货币虚假稀缺的冲动，从而在成果分配中实现自身利益最大化。进而造成社会产出成果极度向金融资本集中，不仅劳动者无法获得应有的回报，产业资本扣除风险补偿后基本没有收益，直至产业资本不堪重负导致经济崩溃。而这种建立在产业危机基础上的金融暴利又如何能够持久呢？人人皆知华尔街贪婪是危机的根源，却很少有人懂得他们是如何贪婪而又是如何制造危机的。

（写于 2011 年 12 月 28 日）

格雷厄姆的“投票机”和“称重机”究竟是在说什么？是在说谁？

——回复雪球 renjunjie

renjunjie 回复@有智思有财：

的确，100年后市场还是个投票机，但你似乎忽略了股市中的“水涨船高”现象。

我们就以有财兄喜爱的茅台为例来尝试说明这一现象：

茅台2011年每股收益8.44元，2012年增长40%已是大概率事件，因此我们假定2012年的每股收益是11.81元。按2012年6月20日243.56元的收盘价，动态市盈率为20.62倍。

现在假设茅台2012～2022年的每股收益年复合增长率为20%（根据综合情况估计，这一增长率也应是大概率事件）——增速为过去10年每股收益增速（38.29%）的52.23%，这样，2022年茅台的每股收益就是73.12元。

10年后，市场仍是一个投票机，但即使如此，它的定价也总得有个范围，我们假设是：市场给予这个优秀上市公司（10年后茅台不是优秀上市公司是小概率事件）的市盈率在20倍与7倍之间。那么茅台10年后的回报（未考虑股息）将分别为：

当PE为20倍时：$243.56(1+A)^{10}=73.12\times 20$，$A=19.62\%$

当PE为15倍时：$243.56(1+A)^{10}=73.12\times 15$，$A=16.23\%$

当PE为10倍时：$243.56(1+A)^{10}=73.12\times 10$，$A=11.61\%$

当PE为7倍时：$243.56(1+A)^{10}=73.12\times 7$，$A=7.70\%$

尽管我们不知道10年后的市场会怎样“投票”，但由于“水”已“涨”，因此，即使在很差的情况下，我们仍有望获得高于通货膨胀的回报。

有财兄对茅台的了解至少在我10倍以上，只是觉得你在“投票机”问题上似乎存在一些盲点。也许我误读了你，那就请见谅了。

6月21日9:30

有智思有财回复@renjunjie：

原本不想说什么了，不过既然你说到茅台，就说明我们之间不是完全没有共同语言，完全无法沟通。不知道我理解得对不对？

我对茅台的估算比这个要复杂得多，而且作为一个非价值投资者，我是不敢以“水涨”作为假设前提的（这是巴菲特与索罗斯的核心差异，过去几十年里，巴菲特胜，索罗斯败，但今后几十年里如何，未知）。但这些都不重要，这些是“术”而不是“道”。

几年前，在一次酒桌上，有一个自称长期持有茅台的人，居然不知道巴菲特是谁，这使我们大为惊讶。我不禁去问，“那你是怎么想起来买这只股票的呢？”他的回答竟然是“茅台酒好喝”，我再问“那这么贵了，为什么还不卖呢？”回答竟是“茅台酒足够好喝”。当时自认为对茅台研究已经精深的我，直接就崩溃了。唯一的想法，就是把我自己建立的远超高等数学，甚至是奥数N倍的数学模型全部撕掉。但最终我没有这么做，为什么？因为我清醒地认识到，那个境界，是我永远达不到的！

6月21日13:02

renjunjie回复@有智思有财：

其实，我们之间没有大的距离。我持有茅台尽管时间不长，但算起来也有7年了，你说，我们能“完全无法沟通”吗？

听了你的描述，我很佩服你的那位朋友——仅凭口味就可以长期持有一只股票（我则是受到了巴菲特投资思想的启发后才买入并长期持有的——境界差一大截啊）。其实所谓“企业投资”（我避免使用价值投资这个概念）的思想是简单的，股票投资的原生态而已。只是人类太聪明了，最终把一个简单的东西搞得过于复杂了。

在“茅台酒足够好喝”这一点上，你的朋友和你我这样的企业投资者们达到了高度一致。巴菲特所偏爱（你看，我又提巴菲特了，唉!）的“消费独占”，其特征无非就是三点：被需要、难以替代、有定价权。想一想，茅台是否三者都具备了？“好喝”就是被需要，“足够好喝”就是难以替代，你的朋友如果再说出（他也许只是没有说而已）茅台可以自由定价，那我就不只是汗颜了，而是汗流浃背了！

我这么多年的体会是，在你做足功课（这个前提很重要）的基础上，做一个企业投资者并不是一件多么难的事，但也绝不容易。具体的我就不多说了。当我说这似乎不是一个工具选择那样简单时，它到底是什么，我也没有想清楚。只是我觉得，一件价值100元的东西，你在价格50元时买了，然后在100或120元时卖掉了，这也许不涉及什么道道；但如果和一家你信任的上市公司主动陪伴10年、20年，甚至30年和40年（其间需要顶住各种诱惑和压力），似乎就不是一种工具选择那样简单了。当然，那是什么，我没有认真想过。

前不久我在雪球发了一个“荒岛挑战”的帖子，其实我最开始是想写茅台来着，后来觉得还是找一个有争议的吧，于是就把招商银行放上去了。尽管如此，那并不影响我继续长期持有茅台……

6月21日 14:13

有智思有财回复@renjunjie：

从我的角度，我倒是很愿意求同存异的。因为“称重”的活，一个人干起来的确很累。这些年主要精力是研究大萧条和20世纪90年代的日本经济崩溃（就是我说的，研究明天大家口袋里的钱），股票研究少了。对巴菲特的关注也少了。正常情况下，持股时间长点儿都没什么，我讲的，其实是经济危机下应该如何操作。格雷厄姆的许多话其实都是以大萧条为背景的，现在大家都抛开当初的这个背景去谈问题，使我很困惑。有件事一直没明白，巴菲特是真的不在意经济波动，还是对经济危机早有打算，只是不对外讲？我觉得，无论他怎么打算，像我这样的普通人，还是多做准备，没坏处。

6月21日20:53

renjunjie 回复@有智思有财：

谈点个人学习体会，不一定对。

1.“称重”的活是不需要自己干的，交给市场就行了，只是不要急，时间跨度是以“年”或“N 年”为单位的[所谓自己称重，是指对持有股票的估值(价格高了好卖掉)，但那活不好干，还是小心为妙]。

2. 正是因为“以大萧条为背景”(这点你看得很准)，格雷厄姆才提出所谓的“烟蒂”式投资和“分散”式投资。巴菲特后来改弦易辙，将“烟蒂”改为“超级明星”，将“分散”改为“集中”，将“短期”改为“长期”(第二个“背叛”其实很早就开始了)是因为受到了多重影响(思想框架还是格老的)，包括费雪、芒格和后来的多项投资实践。

3. 巴菲特是否在意经济波动？我的观察：不是很在意。这点从他自己以及芒格的大量公开讲话中可以一见端倪，伯克希尔·哈萨维过去几十年股票仓位与市值的变化似乎也支持这一观察。

4. 不少人说美国可以自下而上，而我国不行。这至少是对美国情况的误读(以前说了许多了，不再重复)。至于我国是否需要自上而下，需要事先搞清楚两个问题：(1)系统风险只是时间(再次强调：它以年或 N 年为计算单位)的函数；(2)假设不是，但接下来的问题是：你看得清、测得准吗？

如果对中国长期经济前景没有信心，不投就是了。想一边“测”着，一边“做”着，这事儿不仅累，而且玄！

6月22日10:06

有智思有财回复 renjunjie：

格雷厄姆的“投票机”和“称重机”究竟是在说什么？是在说谁？

首先讲，真佩服您的敬业，过节也不休息。倒让我不敢偷懒了。

我对“价值投资”没有太多的了解，那东西太复杂，搞不懂，既然你们都说我理解得不对，那就算我不对吧。所以我只就您所说的这几点中最浅显的部分，也是大家常常挂在嘴边上的一些东西，就我有限的所知，谈自己一点最粗浅的看法，只当是博大家一笑吧。

1.“投票机”的说法。

众所周知，格雷厄姆最初对“投票机”的说法是：“市场并非一个能精确衡量价值的‘称重机’，相反，它是一个‘投票机’，不计其数的人所做出的决定是一种理性和感情的混合物，很多时候，这些抉择和理性的价值评判相去甚远。”那么他还有一种说法就是这个“股市从短期来看是投票机，从长期来看则是称重机”。

第一个说法并不是格雷厄姆的原创，它来自于大家所熟知的凯恩斯的“选美理论”：

在凯恩斯的年代，有个“选美会”，定期在报上刊出参选美女的相片，然后由读者投票以决定何人当选。猜中者，会有大奖。于是“报纸上刊出100张相片，由参与者从中选出6名大家认为最漂亮的美女；谁投的票最接近6名胜出美女的，就是得奖者。结果，在这种情形下，每名竞猜者都不会把票投给他自己认为最漂亮的人，而会选他设想的其他参与者所要投票的人。每个投票者都持此想法，于是都不投给他们本身认为最美艳者，甚至不会投给一般人认为最美丽者，而是运用智力，推测参与投票者认为其他投票者会投给谁……

于是，凯恩斯把投资比喻成了这个“选美游戏”，显然，他是一个“万恶的投机分子”。

这就是二十多年前，我们这拨人开始做股票时的启蒙教材。谁都能看出来，所谓“投票”就是指买卖股票了。因此对“投票”这个概念，已经是再熟悉不过了，以至于几年后看到格雷厄姆的第二句话时，感觉就像是上下句。

凯恩斯类似的话很早就出现了，当时只限于是一种投资理念，但后来他又把这个写入了《通论》作为对自由市场经济有效理论的诽谤，却是经济学家们所无法容忍的。所以应该讲，这个“投票”的概念最早是来自于凯恩斯的，而且格老似乎也曾经比较认同凯恩斯的观点。这一点也不奇怪。凯恩斯当年被粉的程度，看一下与他同时期的人（包括格老）提到他时的语气，就知道了。但是有一点，现在的人其实是没有关注过的，他之所以被粉，并不在于他的经济学成果，因为没有人能看懂他写的是什么，甚至没有人关注他写的是什么。大家粉他的原因，其一是他出自名门，其二是他的股票炒得确实好。所以，他的这个“投票机”的说法，在粉丝中广为流传。而格老的“市场并非一个能精确衡量价值的‘称重机’，相反，它是一个‘投票机’，不计其数的人所做出的决定是一种理性和感情的混合物，很多时候，这些抉择和理性的价值评判相去甚远”正是借用了凯恩斯的“投票”这个概念，告诉大家，市场究竟是什么。因此，他与凯恩斯的分歧只在“称重”，而他在“投票机”这个问题上，与凯恩斯是没有分歧的。

我对“投票机”这个概念，没有什么深刻认识，所以只是“尊重原著”，是不是有“盲点”，我就不清楚了。

那么格老的第二句话又怎么理解呢？其实看一下格老对凯恩斯几篇文章的评论以及每次提到凯恩斯时的态度，就可以看出来，原本明明是相同的观点，都要争出个什么来，更何况“投票”这么大的事呢？分歧的焦点，“称重”又是什么？它是如何实现的？

2. 我所理解的“称重”，就是对价值的判定，是需要对企业做最深入的研究和理解的。称重的工作只能由我个人来完成，因为任何“买卖”，都是“投票”的过程，那才是市场的工作。市场是不会替我称重的。市场这东西，尽管游戏的名字叫作“选美”，然而其最初的设计原理便仅仅是“投票”，所以谁也无法阻止其与称重无关，它的唯一职能就是“投票”。对此，格老的第一句话已经讲得很明白了。这就决定了，即使这个市场中，所有的人都是根据称重去投票，它仍旧无法变成一台称重机。

所谓“市场的称重”就是现在所谓的“价值回归”，是指投票选出的恰好是最漂亮的6名超级女生的情况。亚当·斯密的信徒坚信市场是有效率的，在

“看不见的手”的作用下,这种情况是必然结果。这就是“价格必然围绕价值波动”为主题词的市场有效性理论。但无论投出来的效果如何,它都不能因为选出来的确实是最漂亮的而去否认,是“投票”选出来的这一事实,因此,这两者本身并不矛盾。但市场自出生以来,便用它的全部生命在证明,即使价格瞬间接近了价值,接下来也不是回家的感觉,而是向着另一个方向狂奔而去。证明所谓的“价值回归”其实不过是“路过”。格老也不得不承认,很多时候“这些抉择和理性的价值评判相去甚远”。因此,自己去称重和相信市场也会称重,完全是两回事。而自己不称重,即使你相信市场会称重,又能有什么用呢?

投票产生价格,称重称出价值,价格与价值相等时,它就不再是价格?我理解不了。我更理解不了的是,为什么会在这样基本的问题上,几百年来会有这么大的分歧?

所以我只投资价格,不投资价值,尽管我的收益看似来自“价值回归”,但我并不领市场这个“称重机”的情。

如前所述,我所说的“我个人的称重工作”,是指单纯的企业研究,只不过,我在称重之后,要剔除一些,由于各种原因,永远无法得到投票的大美女,比如说“空气类”:100人中,94人是绝世美女,但是都长一个模样,另6个是丑女,如果你交给自由市场去做这件事,投票结果一定是这6个丑女胜出,因为你投那94个人中的任一个,你就没道理不投另外那93个,可你只有6票,这种投法,就输定了(只有在股市中浸淫很久的人,能明白我在说什么),所以,许多人会赌这6个人。换句话说,这年头,美女,不稀缺。这种情况下,我或许不会参与投票(不缺这俩钱),但除非投票权升到每人94票,有94人可以胜出,否则我绝不会把手中宝贵的6票,随机地投在那94个人中的6个。不是美女或许我不投,但不稀缺的美女,我也不投。在我看来,既然每次“称重”,也都只能依靠“投票”来完成,那么如果以“称重”是自己投票的唯一标准,那些明显投不出称重效果的投票我当然不想参与,所以“投票”一定是我要研究的重要问题,不适合投的时候,宁可不投。因此我说,“在我看来,尽管

‘称重’很重要，但‘投票’很必要。如果让我选择投资顾问，在格雷老与格林老之间，我选择后者”。

这里还需要说明的一点，我和绝大多数投资者不同，“茅台”不是我的股票，是我的“结算货币”，“阿堵物”标价的市值并不重要，赚不到茅台，就是亏钱。所以我极认同“茅台是可以给货币定价的东西”这句话。几年来，我是满仓加透支地持有茅台这一只股票，而在我看来，这就是我的“空仓加沽空的方式”。

顺便说一下，那个“价格必然围绕价值波动”理论是马克思继承的“古典学派”的理论，“价格必然围绕价值波动”是与“看不见的手”、“亚当·斯密水与钻石的价值悖论”(如果有人不知道这个东西，可以上网搜一下这个令亚当·斯密死不瞑目的课题，因为这足以动摇斯密先生的信仰，而他的门徒们则很好地解决了这个问题，“我们保留信仰，选择性地遗忘这个悖论”)捆绑在一起的，也就是说，它是带着与生俱来的缺陷被自由市场主义者们所接受的。当然这是另一个层面的问题了，不想在这里讨论。

凯恩斯后来干脆把这个“选美理论”写入了《通论》，简直就是对市场有效理论的戏弄！是可忍，孰不可忍？这么明显的立场的差异，只怕格老是不可能不予以反驳的。而当时主流对凯恩斯的这种对有效市场理论的挑衅，最有力的反击就是“短期即使无效，但长期一定还是有效的”。这就是信念的力量。而凯恩斯的回答，就是那句著名的“长期(唯一可以确定的一件事就是)，我们都死了”。简直就是调戏。从格老的《储备与稳定》以及其他一些文章中明显与凯恩斯的针锋相对看，格老当时确实是参与了古典学派阵营同凯恩斯的大辩论的。一段公案而已，掀过去。

我们回过头来，还是讲“投票游戏”。

以上这些，还不是最不能让人容忍的，最无法让人接受的是，投票游戏进入《通论》时，后面又被加上了一段：

读者也许会提出非难：假如一个人运用自己的才能，不受这种盛行游戏的干扰，根据自己所做的真正长期预期继续进行投资，则在长时期中，此人必

能从其他参加游戏者手中获得大量利润。对于这种非难,我们做答如下,的确有如此态度慎重的人,而且如果他们的力量真能超过其他从事游戏者,投资市场必大为改观,但我们须补充一句,在现代投资市场上,有几个因素使得这种人永远不能占优势。根据真正的长期预期而做投资,实在太难,几乎不可能。凡是试图这样做的人,肯定要比那些试图以超过其他人的精确度来猜测群众行为的人花费更多的精力,而且还要冒更大的风险。在智力相同的情况下,前者可能要犯较多灾难性错误。从经验中,还没有充分资料可以证明,对社会有利的投资也是利润最大的投资。战胜时间和消除我们对未来的无知所需要的智慧要超过"起跑在枪响之前"所需要的智慧。而且人的寿命有限,人性总是喜欢速效,所以人们对迅速致富有着特殊的兴趣,而一般人对将来所能得到的总要打许多折扣才能使它变为现在的价值。对于那些完全没有赌博本领的人来说,玩这种职业投资者所玩的把戏,会使他们感到讨厌,甚至会使他紧张到无法忍耐的程度,然而那些乐于此道的人却愿意为它付出应有的代价。还有,不甚重视市场近期波动的投资者为了安全起见,必须拥有大量资金,并且不能用全部借来的资金进行大规模的投资。这是为什么智力相等、资金相等的二个人,从事消遣游戏的人反而可以得到更多报酬的又一个理由。最后,在投资基金由人数众多的委员会、董事会或银行管理的情况下,在现实中,招人品评最多的人恰是那些最能提供社会利益的长期投资者。因为他的行为在一般人眼里,一定是偏执的、不合潮流、又过分鲁莽。如果他有幸成功,得到肯定的也只能是人们对他的鲁莽的评语。在短期中,如果他遭受很可能会有的失败,那么,他不会得到多少同情与怜悯。世俗的智慧教育我们:"对于我们的名声来说,遵循传统惯例而失败要好过违背传统惯例而成功。"……

最初看到这段话时,便感觉显然是有所指的,如果你继续向下看的话,会直至你喷饭。是什么人胆敢"非难"凯恩斯?而为什么这些"非难",看似这么眼熟呢?这些如果出现在现在,毫无疑问,所有人都会认为是针对我们的巴股神而来的,但它出现在1936年,那年巴菲特只有6岁,而且其中有些内容是被我们的股神师从了的。所以，他的目标必然另有其人。究竟是什么东西值得凯恩斯在他那本原本就不厚的经济名著中大篇幅地加入了这些东西呢？我读过的书太少，对价值投资了解得也很少，于是我找了一本《证券分析》，看了一眼它最早的发表时间。

进而，我又看了一遍《证券分析》，确定了凯股神反驳的观点确实出在那上面。而我不禁奇怪，如果这些都被凯股神看作“非难”，会不会是我们的凯股神把自己定位太高了呢？

3. 你说到“分散”与“集中”，巴菲特总是强调马克·吐温的那句“把所有的鸡蛋放在同一个篮子里，然后小心地看好它”。然而，在格老的时期，集中投资叫得最响的人，却正是那位凯恩斯爵士。

1991 年在《巴菲特致股东的信》中有这样一段足以令他老师不爽的话：

约翰·梅纳德·凯恩斯(John Maynard Keynes)作为一个投资实践者的卓越智慧完全可以和他在思想上的卓越智慧相媲美。他曾在 1934 年 8 月 15 日给他生意上的合伙人 F. C. 斯考特(F. C. Scott)写过一封信，道出了集中投资的理由：“随着从事投资的年限增长，我越来越坚信，正确的投资方法是将相当大比例的资金投入他个人认为自己非常了解而且管理也完全值得信任的企业上。而投资人如果认为，通过将资金分散投资到大量他几乎一无所知并且没有任何理由予以特别信任的企业，就可以据此限制自己的投资风险，这种看法是完全错误的。……一个人的知识和经验绝对是有限的，因此在任何给定的期限里，我个人认为能够得到我百分之百的信心去投资的企业数量，很少会超过两家或三家。”(大家注意一下这个时间，1934 年，而《通论》出版的时间是 1936 年，也就是说，至少在这个时点上，凯恩斯仍旧恶习不改地扮演着他投机者的角色。但这丝毫不妨碍他与巴菲特有着相同的投资方法。只是搞不清两位股神是谁跟谁学的。)

这真的是，不是冤家不聚头。格老的观点跟凯恩斯正好相反。其实也不奇怪，当年凯恩斯的风头，可比今天的巴菲特强劲多了。但毕竟那个时期，是美英争夺经济话语权的时期，碰撞是必然的。经济学上压不过你，可以在投资学上找补。

我一直有一个观点,从格老《储备与稳定》《世界商品与世界货币》两本书的水平看,多处已经明显超过凯恩斯了,但是没办法,不要说是"布雷顿森林会议"期间及之前,直至今日,它们的名头与《通论》比,就是一天一地。而事实上,美国在第二次世界大战后所执行的政策,并不是凯恩斯主义,而恰恰是这个"储备与稳定"。这就是英国人和美国人的区别。英国人得名,美国人得利,挺好。

在格老的那个时代,凯恩斯(还有以前的大卫·李嘉图)都可以因为股票炒得好而被称为"经济学家",而格老在经济学上的造诣再深,也不过只是一个炒股票的。为什么?因为经济学家从来是要原产地证明的。离开了那块地,那个空气,便产不出经济学家来!

所以,这不是个人恩怨的事情。我觉得主要根源还是在大萧条之下经济理论的裂变。在大萧条之下,一群信仰"自由市场经济无所不能"的人们,开始动摇,凯恩斯是继马克思之后,第二个挑战萨伊定律的人,但他与马克思不同,资本主义国家可以对不同信仰者马克思的声音置若罔闻,或是直接拿来鄙夷就好了,但来自阵营内部的凯恩斯发出的对"看不见的手"的挑战,却是大家无法容忍的。说白了,"我们美国所有学校经济学教科书都是你们英国人编的,你个马歇尔的学生,攻击自由市场效率?你让我们情何以堪呀?"所以,格老是值得尊重的,至少他看重的是凯恩斯说的是什么,而不仅仅是,"这些话是谁说的"。但是你在《储备与稳定》的许多地方都可以明显看到凯恩斯的影子。不!那其实是大萧条的影子,正是它动摇了当时几乎是所有人的信念。

4. 是否真的坚定相信"看不见的手"?我觉得,这个只有经过大萧条的洗礼才能看出来。我还是说格老的《储备与稳定》,那种对"看得见的手"最急切的呼唤,以及对"不知道怎么伸手,就不要伸"的怒斥,哪里还看得出一点对自由市场经济自我调节能力的笃信?全书不仅逻辑上,在许多用词上,受凯恩斯的影响都很重。举一个简单的例子,格老即使是在反驳凯恩斯时,也忍不住使用了这样的表述：

如果情况确实如此，事实将胜过任何雄辩。这就意味着我们经济发展中出现了一条分界线，适用于过去的思考习惯和行为准则将不再具有任何价值或相关指导意义。乍一看，这似乎意味着极大地提高国民生活水平已经胜券在握，我们无须花费太大精神力气就能够实现这一目标。仔细分析后发现，利用我们丰富生产能力这一看似非常简单的问题在现实中却充满着极大的困难和风险。它可能要求政治经济组织最大限度地包容我们的传统和个人倾向。在实现这一目标的过程中，每一步的推进都将爆发关于利润成本孰大孰小这个极其痛苦，可能也是极为剧烈的论战。与愉快地游览希望之岛不同，希望岛上阳光明媚，牛奶蜂蜜横溢；而我们的命运却可能是要在充满疑虑和意见分歧的漫无边际的荒原中探索整整 40 年，或者更多时间。（反驳认为经济危机仅仅是过剩现象。）

每看一遍《储备与稳定》，我都要把这段话看许多遍，说他已经超过了凯恩斯，不是在于它的理论，而是在于，格老更明白，经济危机根本不是辩论究竟是“相对生产过剩”还是“有效需求不足”的问题（当然那段话几乎每个词都有所指，不了解马克思与凯恩斯理论的人可能完全是不知所云）。推翻一个东西容易，建立起一个新东西太难了，如果等到辩论明白政府再干预，什么都晚了。你凯恩斯给罗斯福拍了那么大一通马屁，最终谈过之后，不也只能是撂下一句“就没见过这么不懂经济学的国家领导人”，可你不想想，你当初又何尝不是这样评价丘吉尔的？况且，这根本就不是辩论的事，当初用市场去调整各阶层利益，是大家已经一致接受了的，现在改为用辩论去调整，谁服谁呀？事实上，一个哈耶克就可以搞得你凯恩斯心烦意乱，你那套谁也看不懂的东西，或者说，你根本不敢让别人看懂的东西，能有什么用呢？一旦“长期”了，留下来的只是你的名字，而不会是你的理论；相反格老留下了他的理论，却把他的名字留在了另一个地方。

在大萧条中，想活过来，必须坚守一点什么，尽管格老自己也已经不确信它的正确性（书中多次提到萨伊定律显然是错的，但也再三强调，修一下，应该还能用),但他相信“自我暗示”的力量,如果大家都坚信市场长期是要称重的,那么它称重的一天,或许还真能到来,这就是信仰的作用。它与那些仅仅是在看到这种投资方式可以带来利益时,便蜂拥而上的人所不同的是,一旦处于逆境,他们会作鸟兽散的。然而,仅凭信仰,市场就真的会自动称重了吗?《储备与稳定》《世界商品与世界货币》两本书已经给出了明确的答案。至于书中对“不知道该怎么干预,就不要干预”观点的反复反驳,我就不多说了,这本书可以多看几遍。看起来,格老很明白,有时信仰固然重要,拉票却很必要。

这里有一个有意思的东西,这段话写于1937年,格老定量了一个“长期”的概念,“整整40年”,竟然与凯恩斯的定义如此神似,怎不令我等后辈顶礼膜拜!①

另一个历史的巧合,亚当·斯密发表《国富论》的那一年,美国人发表了《独立宣言》,发表宣言的那一天,被称为“独立日”。这或许就是美国人的宿命?

大萧条,是全球性的,不是一句“对美国长期经济前景没有信心,不投就是了”可以解决的。

至于你说到,经济前景看不看得准的问题,在牛顿看来,炒股票是比物理学难上万倍的东西,在我这个不会炒股票的人眼中,都没觉得经济学有何难?各位大侠,连炒股票都会了,经济学算什么?

历史原因,我们这一代人的经济学都是《资本论》开的蒙,我的西方经济学是以凯恩斯的《通论》开蒙,结果发现,其中不少马克思的影子,因为马克思经济学才是真正的“萧条经济学原理”。后来因为炒股票,看过索罗斯的《金融炼金术》,格老的《储备与稳定》。看过这些书后,再看那些所谓经济学家的著作,方才发现,他们,其实什么都不是,无论拿下多少诺奖的名头儿,都掩饰不了其垃圾的本质!然而正是这些垃圾经济学家掌握着经济理论话语权的

① 格雷厄姆死于1976年,距《储备与稳定》发表正好40个年头,而凯恩斯说过“在长期,我们都死了”。

制高点，因而在每个时点，只要判断一下，怎样做是错的，就可以预测到经济政策。而这些经济政策的后果，学会格雷厄姆之后，并不难判断。

至于你说的“自下而上”还是“自上而下”的问题，请恕我直言，在我看来，这个问题上，哈耶克对凯恩斯的理解是可笑的。如果让我选一位教授自上而下的老师，我选格雷厄姆；而如果让我选一位自下而上的老师，我选凯恩斯。

在这里，我再次对抱有格老那样信仰的朋友表示我的敬意。但我过去不相信，将来也不会相信市场具有“称重”功能。对于信仰，我相信那个寓言：兄弟三人各拿到一块祖上传下来的宝玉，据说三块中，只有一块是真的，但是没有人能分辨出哪一块才是真的。于是，兄弟三人陷入了无休止的争吵。其实只要想一下，既然没有人能分辨，何不各自把自己手中的这块就当作是真的，一代代地传下去就好了。你拿出一块玉，我也拿出一块，谈观点，做比较，讨论。求同存异，有什么不好呢？

（写于 2012 年 6 月 24 日）

附:资料

摘自珍妮特·洛尔《本杰明·格雷厄姆论价值投资》

格雷厄姆搜集了大量的资料并于 1937 年出版了第三部著作，即《储备与稳定:现代谷仓常满理论》。出版商麦格劳希尔公司对书的销售潜力感到怀疑，但是它们仍然很愿意为畅销书《证券分析》的作者服务。时任罗斯福总统顾问的伯纳德·巴鲁克得到一本样书，随即交给了总统本人。

虽然销量从来没达到前两本书的水平，《储备与稳定》仍然引起了许多著名经济学家的注意，包括战后世界经济结构的主要设计者约翰·梅纳德·凯恩斯。在一篇关于商品政策的论文中，他以脚注的形式提到了《储备与稳定》。凯恩斯在文中指出了他和格雷厄姆在计算商品储备成本时的方法区别。

这是一种很有礼貌的学术争论，但是他们后来发生了误会，突然中止了这种争论。

1943年12月31日,凯恩斯从英格兰给格雷厄姆写来一封信:

亲爱的格雷厄姆先生:

您本人和(应该是弗兰克·敦斯通)格雷厄姆教授的文章给我一个感觉:如果一个人整天忙于办公室的工作,只能在没经过全面考虑的情况下对某一问题做出简要的说明,无法公布自己实际在幕后对这一问题的更详细的研究成果,那么他写书出版就是一件大错特错的事了,因为正如您的论文显示的那样,它的结果只能导致读者对作者观点的严重歪曲。公众对作者没有说过、并不认同的观点进行争论,这是最无聊的事情。

……

凯恩斯继续写道,他否认自己曾经认为任何旨在稳定价格的措施都不会产生理想的效果,或者当货币工资上涨速度高于工作效率时会实现完全就业。

……

在以缓冲存货作为稳定短期商品价格的手段问题上,您和我都是积极的拥护者、意见一致,因此就不必再进行彼此误解的争论了。

您忠实的

最后是一个大写字母"K"

(原书作者摘自多纳德·莫格里奇主编:《约翰·梅纳德·凯恩斯选集》)

股市崩盘了,你怕不怕?

股市如战场。

第一次上战场的人,枪一响,便吓得尿了裤子,无论你怎么对他讲,"你越怕,子弹就越找你",没用的;

几场胜仗打下来,个个都变成常山赵子龙,无比神勇,无论你怎么对他讲,"小心! 子弹不长眼",没用的;

身经百战之后,就学会了躲子弹,却发现,身边的小伙伴已经尿了裤子。

孔子讲:"唯上智与下愚,不移。"

冯友兰讲:"其境界常不变者,只有圣贤与下愚。——其余人的境界,则是常变的。"

老子讲:"天下皆知美之为美,斯恶已;皆知善之为善,斯不善已""智慧出,有大伪。"

美与恶、善与不善、爱与恨、怕与不怕之分,皆来自"权衡"与"计较"。人的欲望是天生的,但有了"权衡"与"计较"的能力,就有了"移"和"变"的动机,于是就有了机变,便带来了"移"和混乱,有了患得患失,便有了惧怕。故而老子主张像小孩子一样,放弃权衡与计较的能力,"常德不离,复归于婴";"含德之厚,比于赤子""圣人皆孩之",甚至是"我愚人之心也哉""非以明民,将以愚之。"这体现的是一种大智若愚、大巧若拙式的智慧,被孔子总结为"民可使由之,不可使智之"。

但冯友兰却提出了这样的疑问:"圣人的'愚',果真同孩子的'愚'、普通人的'愚'完全一样吗? 圣人的愚是一个自觉的修养过程的结果。它比知识更高,比知识更多,而不是更少。中国有一句成语'大智若愚'。圣人的愚是大智，不是孩子和普通人的愚。后一类的愚是自然的产物，而圣人的愚则是精神的创造。二者有极大的不同。但是道家似乎在有些地方混淆了二者。”

或许圣人的“愚”，同孩童的“愚”，都是“不移”的。但从没有权衡与计较的能力的“不移不惧”，到不停地追求和增长权衡能力，到最终放弃权衡与计较，中间的道路是如何走过的呢？

（写于2015年6月22日）

对　话

救市？是救那些打算逃命的？还是救那些不肯跑的？

好吧，我承认这句话问得有些荒唐，你自己不肯跑，更别说大声呼喊着求人来救你，别人凭什么救你？你自己不肯跑，就不要怪别人不救你。

放着一群哭着喊着要逃命的人不救，去救那些“冥顽不灵”，一心想着与股市共存亡，不肯交出筹码的人？试问古今中外，哪次救市不是以被救者交出筹码为交换？要知道，股票是身外之物，交出去，才是真正的解脱。

一条船在海上遇到风浪，一位妇人跑过来对你说：“快逃吧，船就要沉了。”你说：“上帝会救我，它不会让船沉的。”船进水了，一个小孩子跑过来对你说：“快逃吧，船就要沉了。”你说：“上帝会救我，它不会让船沉的。”船进水了，船长跑过来对你说：“快逃吧，船就要沉了。”你说：“上帝会救我，它不会让船沉的。”船已经大半沉到了水下，一条救生艇划来，上面的人对你说：“快逃吧，船就要沉了。”你说：“上帝会救我，它不会让船沉的。”船已经只剩一点点浮在水面上了，一架直升机飞过来，上面的人对你说：“快逃吧，船就要沉了。”你还在说：“上帝会救我，它不会让船沉的。”

船沉了……

你问上帝：“你为什么不救。”上帝回答说：“我先是派了一位妇人，后来又派了一个小孩子，派了船长、救生艇和直升机，我派了五个人去救你，你却完全无视上帝的使者，一心不肯弃船，哪里怪得了我？我只能救那些想跑的人！这是小孩子和妇人都明白的道理，为什么你却不懂呢？”

你愣愣地看了上帝一会儿：“好吧，我确实没有认出那五个上帝的使者。因为我始终坚信，上帝是不会让这条船沉的……”

难道所谓"救市主"所要救的，只是那些打算弃船的人？甚或是原本就已打算让船沉掉？也或许只是为了让大家交出筹码？

（写于2015年8月21日）

第 3 篇

经济话题，且看，各色魔方的多棱镜

加大原材料储备正当时

我国政府从2004年4月份开始了大规模的宏观调控，受其影响，国际国内原材料市场价格出现了较大幅度的回落，这为适时加大原材料储备创造了难得的时机。

早在2001年时就有专家估计，中国45种主要矿产的现有储量到2010年能够保证需要的只有24种。也就是说，到2010年时我国许多原材料必须依靠大量进口已经难以避免。巨大的进口需求使中国必须成为原材料的储备大国，储备不足会使我国丧失平抑国际原材料市场价格的能力，巨大的需求和随行就市的购买方式是导致国际原材料价格暴涨暴跌的直接原因，并成为经济过热的一个主要诱因。作为未来国际原材料市场上最大的买家，想在价格上获得话语权，唯一的办法就是尽快大规模加大储备！

以产能已经过剩的电解铝行业为例，2004年一季度末官方数字显示铝库存较年初上升了8万吨，达到33万吨，以中国月均50万吨的原铝消费量计算，这大约相当于20天用量。这个数字尽管已经被认为太大了，但比起国际铝市场35天的库存水平仍旧低了许多。如果国内氧化铝库存持续下降，且原料、电力和运力的紧张被集中在一个点上，可能会造成电解铝突然大幅减产。一旦铝价带动有色金属价格大幅度上扬，则会使国内诸多生产企业陷入困境。目前被认为短期内最不可能出现短缺的铝都会面临这样的风险，其他有色金属和一些进口需求较大的原材料必然会面临更大的风险。

由于全球普遍对经济复苏预期强烈，中国的宏观调控对国际市场原材料价格的影响远不及对国内市场剧烈，这使得在当前的低价格水平上国内外价格比逐渐向着有利于出口或是减少进口的方向发展。在当前情况下，与频繁使用行政手段调控经济发展速度相比，基于充足原材料储备，随时选择释放或增加储备以调节原材料价格的方法也会明显且有效。

（写于 2004 年 7 月 24 日）

市场不明白的东西太多了

一个有效率的社会必然是一切资源围绕最稀缺者运转的社会。只有最稀缺资源才有索取最高报酬的权利。而政府的一系列调控举措正在使有能力克服重重阻力，承担种种风险，盖出好房子的开发商成为最“稀缺资源”。所以从这个角度看，房地产的暴利极有道理。

但社会是人类的社会，不是资源的社会。社会的主体——人，往往是最缺乏稀缺性的资源(特别是在当前的中国)，然而这项资源却历来被认为有着充分理由索取最高报酬。为了维持这个社会的稳定，就必须损失效率，从来如此，方方面面皆是如此，没什么道理可讲。

任志强不为穷人盖房子，但他至少在盖房子！也正是因为有为富人盖房子的任志强，富人才能有房子住，才不会被迫和穷人抢房子！“穷人”才有机会有房子住！

经济适用房不应该是为富人盖的吧？但有多少是被穷人住了呢？地产商盖房子是商业行为，为谁盖是它的权利，理应受到尊重，而让穷人住上房子则是政府的义务。现在有的地方是有义务的人没有尽到义务，于是责难地产商的权利。好！那么就由地产商代尽义务，于是富人找不到适合自己的房子，只能和穷人抢。而现今社会，抢房子又偏偏是用钱而不是用力气，于是很有可能穷人抢不过富人。结果是富人住了“穷人房”，穷人更没房子住。

（写于2006年1月16日）

房地产的绝望性购买是否可以告一段落?

西方经济学中有一个“有效市场理论”,还有一个“合理预期理论”,只可惜,市场这个东西,从来就不是有效的,而预期又何曾合理过?

中国房地产业的一大悲哀就是那些满脑子装的都是这理论那理论的食洋不化的所谓专家们,总是完全不懂装懂,就敢完全不负责任地乱讲,反正讲错了也不需要他负责任。比如那个独立经济学家,若干年前就在那里大叫“中国房地产崩溃,不是几年内,而是几个月内”“上海地产泡沫难闯 2005 年关”。再比如有个自称是什么的教授,自己在北京市中心有一豪宅,在郊外别墅区有另一豪宅,却不厌其烦地告诫老百姓不要买房子。当别人质疑他时,他竟然说,“普通老百姓凭什么跟我比? 我……”丑陋嘴脸暴露无遗。真奇怪为什么有人会信他?

谁都看得出来,2009 年启动的这次买房潮极不正常,这次楼市出现的是“绝望性买盘”。为什么叫“绝望性买盘”? 就是当初不少人信了那些混账吹鼓手的叫嚣,说什么:

“中国房价马上要暴跌,不是几年内,而是几个月内”;

“根据各国经验,奥运会都是房价的最高点,然后就是一路下跌”;

“中国的收入房价比和美国比较起来就是泡沫,美国房价比中国安全 10 000 倍,要买房还是来美国买,安全、升值快”;

“北京的商品房存量就是从此一间房都不盖,也够开发商卖 15 个月。”

如此等等,不一而足。正是这些谎言干扰了购房者和盖房者的合理预期。

结果呢? 开发商倒是听话(不听也不行,是真缺钱),真的就不盖房子了,等着卖15个月存货回笼资金了。可这时的老百姓已经从几个月等了几年了，奥运会也已经过去了，被称作“安全”的美国房地产也已经崩盘了，可中国的房价只是涨势稍挫，可就在老百姓眼珠刚一错的时候，房价开始狂涨，试问，这个时候谁还能沉住气？谁还能静下心来分析当前的局势？谁还能合理地去预期？号称15个月的存量变得如此不堪一击，短短几个月，到2010年11月时，北京新盘竟告无房可售，并直接推升了二手房市场。老百姓真的绝望了！

也就是说，目前是积聚多年的买盘在房地产供应的真空期集中出现了，谁之过也？只怕“典守者不能辞其咎”这一简单到和珅都能明白的道理不难理解吧？那些多年来摇旗呐喊的小丑们是不是也应该反省一下了呢，至少不要再出来胡说八道了！

房地产这个行业很怪，买房者的意愿调整只需要一秒钟，一秒钟之后一个坚决不买房的人就可以完全地变成有效需求，而卖房者对这一需求的应对即使立即做出反应，其有效供给也要出现在2年之后。

所以对这个行业的调控需要很高超的技巧，必须从稳定供需双方的预期入手，而不是人为地加大这种预期的波动。只有这样才能确保供需不会经常性地错位。网站上有一个调查，问网民是否支持政府“平抑房价”。我想老百姓大多是支持“平抑房价”的，但经过这几年的经验，估计大多数是不会支持政府平抑房价了，因为政府每次“平抑”的结果带来的都是房价的暴涨。我一直搞不明白的一件事就是以“限制供应、打压开发商、增大开发商开发难度、将银行及其他利益相关部门所应承担的风险和责任转嫁给开发商”为主要手段平抑房价的理论基础是什么？不会有人天真到真的打算靠“秦琼卖马”压低市场价格吧？

很明显，调控政策被人有意地误导了，民意也被人有意地误导了。

老百姓最关心的是什么？房子的价格？

错！

老百姓最关心的是他能不能买得起房子。

很多人认为这是一回事,大错!有多少人能明白这个道理?在中国现有经济基础上,想让房跌下来,就必须让部分人买不起房子,可怜的是,我们的老百姓总是会在这一部分人当中;而要想让老百姓能买得起房子,房价是一定会涨的。

正是“让老百姓都买得起房”和“让房价跌下来”这一对政策目标的背离,使我们的调控往往南辕北辙。

什么人才希望房价暴跌?只要想清楚,房价暴跌必然伴随着老百姓更买不起房(美国房价倒是暴跌了,老百姓是止赎的多还是去买房的多?中国也一样,房价暴跌只会使银行停止购房贷款,转而向你催债),而投机者可以大肆抄底,我想这个已经不难理解。

时至今日,房价确已涨到短期内令人忍无可忍的地步,管理者又要开始调控了。但调控能否成功取决于此次能否理顺供需双方合理的预期,以及在两个政策目标中,有所侧重。

这一切,我们拭目以待。

(写于 2010 年 4 月 29 日)

祝日本人好运

日本放松银根了。这些其实正是中国应该做的。而如果是由中国来做，那是一定会成功的，换成日本，则未必。因为虽然中国、日本、美国所面临的都是通货紧缩的问题，但中国是货币供给不足(中国央行有货币投放能力，却无货币投放意愿)造成的，而美国和日本都是货币的有效需求不足(使其央行即使有货币投放意愿，也无货币投放能力)造成的。就日本而言，它和美国一样，也已经很难找到足够的安全债务人了，特别是在货币的消费需求方面。如果货币投放过度依赖投资性需求，其结果必然会产生更多的新的货币需求，短暂的繁荣过后，仍旧是通货紧缩。而且如果货币投放过程中，日本央行像美联储那样吞入过多有毒资产，只怕也会自身难保的。这也正是美联储不断虚张声势要进一步扩大资产负债表规模，却迟迟不敢下手的原因。

日本定量宽松的唯一的机会在于货币投入所引发的土地产出率上升使日本长期低迷的地产市场出现复苏的可能。一旦地产复苏，银行抵押物的普遍升值将使货币效率有所提升，那些有毒资产也将重获生机，或许还会大赚一笔。然而这种一闪即逝的机会很容易被那些土地泡沫论者所淹没，毕竟日本是几经美国洗脑的，它们已经根深蒂固地认为，美国人那么聪明，这东西要是真的好吃，美国人早就自己吃了，哪里轮得到日本人？

但是，事情，总是要有人去做的。

其实，之所以最终由日本启动这项政策，还是由于美国已丧失货币投放能力，却又不肯放弃货币投放权，它是绝对无法容忍中国人自己攫取货币的超额利润的。美国人想吃又怕烫着，因此最终这个走钢丝的活就又落在日本人手上了。但是，还是那个问题，日本人也明白，美联储资产负债表上那大把的有毒资产已经把美联储变成了一条冻僵的蛇，现在你去暖它，或许它会活过来，却谁也不能保证，它不会再咬你一口。美国人口口声声要进一步扩大美联储资产负债表规模，其实心里想的却是尽快抛出那些垃圾，把资产负债表规模降下来。一旦日本放出货币，美国再次反向操作，日本也没有那么多个"十年"去消化银行不良资产，即使是日本人，也不至于那么不长记性。

不过，无论如何，在中国货币当局目前对金融、货币都了解甚少的情况下，日本此举都给了中国很大的货币政策运转空间和学习的机会，只是不知道中国能否很好地把握。日本央行特意在偶遇温家宝总理的第二天就出台了这项政策，用意很明显，就是向老美暗示已经与中国达成了某种共识，警告老美不要轻举妄动，说明它们对20世纪90年代的教训也不是完全没有收获的。

祝日本人好运吧！

（写于2010年10月7日）

“通货膨胀”不过是资产阶级经济学家们编造出来骗人的把戏

20世纪初，美国经济高速发展，不得不高价从英国输入英镑和黄金，巨大的货币需求养活着大英帝国。当时所有的经济学教科书都是英国人写的，英国人总是不会忘记时刻提醒崛起中的美国，要注意“通货膨胀”，也就是说，“货币这东西，我们印就好了，你们就不要再印了”。

美国人也真的很听话，不停地紧缩再紧缩银根。但美国的货币需求很快就超过了英国的货币供应能力(超过货币供给能力如果继续投放货币所带来的不是“通货膨胀”，恰恰相反，那是“货币有效供给不足”)，结果是，1929年大萧条。史无前例的世界性经济危机使英国最终失去了全球经济的领导地位，一个叫凯恩斯的英国人，代表英国交出了它的“货币权杖”，并说出了货币的秘密，史称“凯恩斯革命”。

从那之后，拿到货币权杖的美国人开始写教科书了，你猜他们写的是什么？仍旧是，“货币这东西，我们印就好了，你们就不要再印了”。史称“凯恩斯革命的反革命”。

它们所玩的这套把戏其实很简单，就是把物价的上涨称作“通货膨胀”，并欺骗世人，说是增加货币供应引起的。而事实上如今的CPI上涨，正是通货紧缩的结果！是由于货币供应不足降低了产出、供需失衡引发的。通货膨胀那个东西，不过是资产阶级经济学家编出来为其剥削行为做的遮羞布而已！对于这一点，凯恩斯已经说漏了嘴：“所谓通货膨胀，先决条件是，充分就业。”一语道破，资产阶级经济学家哪里是怕“通货膨胀”，它们怕的其实只是“充分就业”而已！

还有一种被称为“恶性通货膨胀”的东西就更可笑了，因为那是典型的货币有效供给不足，只要你增加有效的货币供应，所谓的“通货膨胀”立即消失。

弗里德曼整本《美国货币史》列举了无数的数据，都在证明“增加货币供给大多数时候是不会引发物价上涨的”；“货币供应是会带来产出增加的”。然而最终的结论竟然是“货币短期非中性，而长期仍旧是中性的”，甚至提出“货币增长只有超过产出增长时才会引发通货膨胀”这种完全无法自圆其说的理论。然而最终连这个都不再提了，而是简单地讲，要把货币供应量简单地控制在一个固定的水平上。这是什么？是削足适履。目的无非是人为地制造货币稀缺，以增加货币持有者在分配过程中的话语权。

增加货币供应→充分就业→人民收入增长→产出更高的增长→由于产出增长高于收入增长，物价下降

紧缩银根→货币升值→失业增加→人民收入下降→产出下降出口却增加→外币涌入进一步推高物价

哪种情况对人民会更有益呢？

今天，我们已经站到了美国当年站过的位置，尽管现在美国的货币供应能力远远超过了当年的英国，但依旧无法满足我们的需要。更重要的是，当今世界已不可能认可再一次的“大萧条”了。对全世界人民而言，货币太贵了。我们期待着美国的“凯恩斯”站出来，交出他们的“权杖”，期待着廉价货币，期待着对“弗里德曼反革命的革命”。难道我们要做的仅仅是等待？

（写于 2010 年 10 月 7 日）

凯恩斯与弗里德曼

假设10个人每人每小时可以种一棵树，但树种当局每小时只提供9棵树(货币供应量)，则必然会出现1人闲置(失业)；如果树种当局每小时提供11棵树，则会出现树种膨胀。这就是凯恩斯主义货币理论中所谓的失业与通货膨胀交替关系，还有个叫菲利普斯的把它画成了什么曲线。我们可以清楚地看到这是一个双因素模型。在这个模型中，如果每个人每小时的产量提高为2棵树，则树种当局必须把树种供应量增加到每小时20棵树种，才能保证不出现劳动力闲置(失业)，而增加到21棵时，才有可能出现树种膨胀；如果每个人每小时的产量提高为3棵树，则树种当局必须把树种供应量增加到每小时30棵树种，才能保证不出现劳动力闲置(失业)，而增加到31棵时，才有可能出现树种膨胀；如果每个人每小时的产量提高为10棵树，则树种当局必须把树种供应量增加到每小时100棵树种，才能保证不出现劳动力闲置(失业)，而增加到101棵时，才有可能出现树种膨胀……用凯恩斯的话说，通货膨胀只有在充分就业时才可能发生，用弗里德曼的理论来讲，货币供应增长速度在超过产出增长速度时，就会通货膨胀。看似都有道理，而弗里德曼忘记的是，产出的是树，不给它树种，是产不出树的，当树种当局把树种供应量由每小时9棵提高到每小时100棵的过程中，树种供应增长将会长期远高于当期树的产出的，但是，不会出现所谓的"树种膨胀"。弗里德曼在他的《美国货币史》中用了大量的数据和计量经济学的分析方法也证明了这一点。非常明显，观察劳动力闲置(失业)比弗里德曼的观察树种(货币)供应增长速度作为投放货币的依据要可靠也可行得多，这使得弗里德曼自己也不得不承认，货币"短期非中性"。但令人遗憾的是，弗里德曼并不打算据此做出结论，回归古典的强烈愿望使他提出了一个“既然货币短期是非中性的，那么它长期就必然是中性”的理论，这是什么道理？而这一荒唐的理论更是被他的徒子徒孙们发展为，如果“无休止地无限度地注入货币迟早会通货膨胀的”或言之“树是不会长到天上去的”“迟早！”那是什么时候？这个东西与弗里德曼及古典经济学理论中的“长期”一样，是一个负责任的经济学概念吗？如果按照这个思路，天外还会有天，任何稀缺要素无休止、无限度地注入都会过剩的，过剩了，便没有价值了吗？如果是这样，哪里还有“非中性”的东西？更何况，与其他资源相比，货币的有效供给能力或许会强一些，但也绝不是无限的，即使是“长期”，也是一样。难怪凯恩斯会说，“长期，我们就都已经死了！”

在这个问题上的谁是谁非原本是极为明显的，但弗里德曼可以混淆视听的原因在于一个叫作“石油危机”的东西。

回到我们的种树模型。事实上，种树并不像我们所讲的那么简单，它并不会为了证明某个经济学家的伟大而将自己限制为一个双因素模型。在每个人每小时可以种 1 棵树到每个人每小时可以种 10 棵树的增长过程中，可耕种土地、能源、工具等，都可能出现瓶颈，说个最简单的，还是 10 个人，每个人每小时可以种 10 棵树，树种当局每小时可以提供 100 棵树种，这不就是一个完美的模型了吗？不尽然，如果种这些树种需要每小时 10 立方的水（石油），而实际只能得到每小时 9 立方，则必然会出现 1 个人因得不到水而闲置，同时，如果树种当局按每小时提供 100 棵树种的速度供树，则会出现“树种膨胀”，这也就是传说中的“滞胀”。但这真的远不足以完全推翻凯恩斯的货币理论，或者证明弗里德曼有哪怕一丝一毫的道理。

总结一下。首先我们要认识到，在人类生产力水平高速发展的今天，我们是一定会需要大量的树种（货币）才能避免劳动力闲置的危险。但同时我们也应该考虑到经济发展绝不会仅是劳动力、货币二者互为瓶颈的双因素模型，事实上，土地、能源、矿产资源、环境承载能力甚至是水、空气、阳光等都可能成为经济增长的瓶颈，而瓶颈一旦形成，必然会对经济造成危害（当然我们的这个模型还只是生产型模型，也就是说没有考虑消费因素，否则就要设计为种一棵，还要再吃一棵，更复杂了)。这种危害除了限制经济增长空间外，瓶颈资源的价格也会出现上涨，从而给人们带来通货膨胀的担忧。但我们也应该认识到，这种上涨的效应并不全是负面的。加之，如果我们考虑到数次石油危机的偶然性和人为性，则会发现，我们其实并不必对这种瓶颈要素价格上涨过于恐慌，甚至可以理解为，那是一种价值回归。瓶颈资源的价格上涨首先会提高它们的使用效率，以避免价值低估所带来的滥用。而更重要的一点是，只有它的价格涨到一定程度，才会改变人类的生产方式，促进技术进步。技术进步的结果是降低单位社会产出的该要素占用量，或是调整各要素间的配比，从而使稀缺要素在生产过程中被部分替代。总之，就是使稀缺要素不再稀缺。相反，如果因为出现要素瓶颈就减少货币供应量以试图维持所谓的(稀缺要素)价格稳定，不仅会造成其他非稀缺要素的闲置，还会引来投机资金对瓶颈资源的闲置性占用(囤积)，这只会进一步加重它的稀缺性，最终也无法阻止它的价格上涨，如果货币供应紧缩得太严重，还会引发经济危机。而且遗憾的是，在人类的发展史上，劳动力要素是很少出现稀缺的，所以紧缩货币的结果，被闲置的往往会是这一资源。事实上，社会毕竟是人类的社会，而不是任何资源的社会，无论它有多稀缺！所以，经济学的研究目的永远也不应该是使这个社会沿着马尔萨斯的理论体系前行。

少数人编造“通货膨胀理论”甚至不惜制造数次石油危机去证明这一理论的目的，无非是使本不应该出现瓶颈的生产要素“货币”出现人为的稀缺，从而使货币获得超额利润。只有货币足够贵，才能够出现足够的劳动力闲置，从而使劳动力要素的持有者失去议价的能力，任人宰割，也只有这样，某些人才能从中获取最大利益。

这个“某些人”也包括你吗？如果不包括，你为什么要随之鼓噪？

这里我们不得不说，弗里德曼为我们设定的货币太贵了。我们不禁要问，凯恩斯的廉价货币理论究竟动了谁的奶酪？

(写于2011年7月11日)

“约翰牛”可以忍受许多东西，唯独受不了年息2厘

凯恩斯转引过一句19世纪的谚语：“约翰牛(指英国人)可以忍受许多东西，唯独受不了年息2厘。”

高利贷贩子们的伎俩总是以低利率诱发持续稳定的货币需求，这种需求往往是生产性需求，因此这种货币投放必然带来社会产出的增加和经济的繁荣。然后以“抑制通货膨胀”为借口，迅速提高利率，恨不得将这些社会财富的增加全部收入囊中，甚至借机实现对产业资本的洗劫。这才是资本主义周期性经济危机的根源所在。这一切尽管看似迷雾重重，然而当你揭开“抑制通货膨胀”的画皮之后，条理却又是那样的清晰可见。当那些高利贷贩子的代言人们声色俱厉地讲述着关于通货膨胀的鬼故事时，那根本不是什么经济学理论，只是确确实实的利益在说话！

(写于2011年8月4日)

从费雪方程式揭开古典经济学通货膨胀理论之画皮

古典经济学家在 19 世纪末 20 世纪初发展起来的货币数量理论，自称是一种“探讨总收入的名义价值如何决定的理论”。该理论试图论证对既定数量的总收入应该保有的货币的数量，并且认为利率对货币需求没有影响。20 世纪初，美国经济学家、耶鲁大学教授欧文·费雪在其 1911 年出版的《货币的购买力》一书中，提出了交易方程式：$MV=PT$ 。该式也可以表示成 $P=MV/T$。式中，M 表示一定时期流通中货币的平均数量；V 表示一定时期单位货币的平均周转次数即货币流通速度；P 表示商品和劳务价格的加权平均数；T 表示商品和劳务的交易数量。

费雪认为，M 是一个由模型之外的因素决定的外生变量；V 由社会制度和习惯等因素决定，因此长期内比较稳定，视为常数；在充分就业条件下，T 相对产出水平保持固定的比例，也是大体稳定的，也可以视为常数。因此只有 P 和 M 的关系最重要。这样，交易方程式就转化为货币数量论。而且，货币数量论提供了价格水平变动的一种解释：价格水平变动仅源于货币数量的变动，当 M 变动时，P 做同比例的变动。

这个 $MV=PT$ 就是所谓的费雪交易方程式，它是货币数量说的法宝，被认为是“价格水平变动仅源于货币数量的变动”，即通货膨胀理论的最给力的证据。弗里德曼更是在此基础上演变出种种奇谈怪论。我们不妨现在就来看一下，这究竟是个什么东西。

$MV=PT$，显然这是一个具有四个变量的方程式。从这个方程式中，无论如何也是看不出 P 与 M 存在任何线性关系的，然而古典经济学家们有办法：

他们首先假定 T 只代表即期产出。也就是说，过去的产出是不需要货币的，比如说你买一套二手房，因为不是当年的产出物，因而便不产生货币需求了。“弗里德曼认为，货币的需求主要取决于总财富，总财富实际上是无法衡量的，所以可以用人们的收入来代表。”①这个逻辑是这样的，货币的需求主要取决于总财富，但总财富无法衡量，也就是说，货币的需求实际上是无法衡量的。那怎么办？如果货币的需求无法衡量，货币数量理论不就是无中生有了吗？没关系，弗里德曼及其信徒为了证明他们的理论，可以临时找一个替身演员来扮演货币需求，那就是“收入”。然而收入多寡，却恰恰是取决于货币供应的。古典经济学家们如果只承认所谓“收入”产生的货币需求，本身便是本末倒置，大量因货币供应不足无法被盘活的存量资源及大量因货币供应不足无法被实现的产出，便无法获得货币支持，自己想办法去吧！

为了使 T 成为“常数”，古典经济学家们仅假定 T 只是增量还不够，还要假定货币是中性的，也就是说，货币既没有价值，也不会带来产出，只有这样 T(这时已只代表即期产出量)才不会随货币供应量的变化而变化。

如果认为货币是中性的，等于认为货币不会成为经济社会的瓶颈，经济社会并不会出现由于货币供应不足而其他资源闲置的情况。增加货币也不可能使闲置中的资源被激活。而事实显然并非如此。如果没有足够的货币，种大米的农户只能生产和消费大米，产水果的农户只能生产和消费水果。所有的生产者都只能生产、消费、储蓄自己的产出品，则任何生产者都会失去生产自用品以外产品的动力。除非是每个人都可以把自己的剩余产品暂时转化为所谓的“一般等价物”或者是对他人的债权(再用这些债权换取自己所需要的其他商品)，否则生产者们宁可将生产这些“多余”产品相对应的生产要素(包括劳动力要素)闲置，也不会将这些“多余”的产品生产出来，再白白地倒掉，而与此同时，每个人丧失的是消费他人产品的机会。这样看来，是否存

---

① 蒋自强：《当代西方经济学流派》，复旦大学出版社 2008 年版，第 92 页。

在足够的“一般等价物”或“安全债务人”就将直接影响到全社会总产出的数量，以及社会资源的闲置水平。货币的效用，便是提高社会的效率，减少资源的闲置，增加经济的产出。这样的东西，如何可以说是没有价值，是中性的呢？显然，无论存量还是增量，T 都必然将随货币供应的变动而变动！

此时仍有三个变量，于是为了让 P 与 M 线性，才高八斗的古典经济学家们进一步假设，“V”也不许动！

太令人振奋了，我不得不说，古典经济学家们，真的是无所不能的！

这个公式的四个变量中，如果要我选一个最活跃的变量，那么这个“V”绝对是当仁不让的。

然而，更为荒谬的是，许多货币数量理论的忠实信徒，在信奉货币学派“V”为定量这一理论的同时，却又把调整“V”作为达成政策货币目标的手段。我们不妨看一下，这样做能否有效果。

决定“V”的，一方面是货币需求的迫切程度以及由此产生的对货币租金的承受力；另一方面是经济体各环节出于对货币租金的诱惑产生的提供自身信用的意愿。所以，当货币需求不足，货币当局上调 M 时，V 必然向下，以货币效率下降抵消 M 的增量，而如果不断调高 M，则部分环节或全部的 V 便会出现加速下降，甚至出现黑洞(比如说凯恩斯笔下的流动性陷阱，日本人就是由于信了这个 V 是常数，才掉进了这个陷阱的)；货币需求存在时，货币当局下调 M 时，V 必然上升，以货币效率的上升抵消 M 的减量，如果不断下调 M，则部分环节出于对高额利润的追求，便会超负荷运转，它的 V 会被超限度拉长，直至被拉断(比如说雷曼)。而且由于很难做到同时调节各环节的“V”，所以，V 不仅不是常数，试图通过它调节货币供给也是行不通的。当你调节某个环节或某几个环节的 V 时，其他环节便会反向运动，以抵消政策的作用。所以 V 像是指间的一条泥鳅，它的上升或下降，最终只能由 PT/M 来决定。

不管怎样，这些问题在古典经济学家们的经济学教材中却不会成为问题。因为那里是他们的天下，在那里，他们可以对“V”的变化尽情地视而不见。在那里，他们有权使“V”成为常数。

在古典经济学家们“解决”掉以上几个问题后，此时的 P 与 M 看似线性了，但究竟谁是自变量却很耐人寻味，比如说马克思就认为，是 P 决定 M 而不是相反。而古典经济学家们则是硬着头皮假设“M”是经济学的外生变量，不受经济因素左右，于是“P”就成了想当然的 M 的因变量！

M 真的是外生变量吗？

如果货币是非中性的，那么它是有产出的，是有价值的。所以增加货币供给就可以增加财富，于是古典学派便反驳说，如果增加货币供给就可以增加财富，那么打开印钞机，不就可以增加财富了吗？甚至主张货币非中性的伯南克自己也相信了这一点，他声称，从直升机向下撒钞票就可以解决经济危机。所以古典学派为了将这个货币非中性的本质归谬，人为地加入了一个“货币是经济外生变量”的假设。也就是说，货币是可以随便印的。货币真的是可以随便印的吗？显然不是。

央行任何一张货币都不会白给任何人，更不可能打开印钞机、在直升机上向下撒！任何人想要央行签发的这一“白条”，唯一的方法，只能是“借”。即用他对你的债权换取你对央行的债权，于是，央行同时成为同一债权债务关系的债权人和债务人，你也同样。所不同的是，央行不对你付息，而你要对央行付息。而且能够从央行借到债权的，都必然是经过严格审查的“安全债务人”，当发生经济危机时，市场没有足够的安全债务人，即货币的有效需求不足时，央行是没有能力独立完成货币投放的(所以，弗里德曼对美联储在大萧条中的表现的指责，完全不能成立)。当市场的货币需求强劲时，央行试图紧缩 M 的结果却是丧失货币投放权(当然，也有人称之为“外汇占款激增下的被动货币投放”，这能掩盖什么吗？或许能够盖住自己的耳朵)。

这样也能算“外甥”变量？你“舅”信了？太有才了。

综上所述，货币当局虽看似神通广大，而事实上，它对 M、V、P、T 所能施加的影响都是有限的，由于四个全是变量，无论调整谁，后果都存在极大不确定性。它虽然还可以通过调整货币租金(利率)这一价格手段，调整货币需求，以达到影响货币供应的目标，但当货币租金上升时，对此最为敏感的是生产者，他们会因此而减少产出，不仅会造成物价上涨，还会造成失业。这种以货币提供者盈利为目的，造成社会损失的行为，是不道德的。这就是马克思和所有有良知的经济学家痛恨高利贷者的原因，也是凯恩斯注重财政政策与廉价货币政策同时使用的原因，因为只有财政政策和货币租金才能影响货币需求，而货币需求对货币供给(MV)的作用，远远高于货币数量政策。

这里需要指出的是，货币的投机性需求(囤积、炒高稀缺资源价格)对高利贷的承受能力远高于货币的产出性需求。所以在利率被不断抬高的同时，货币需求的结构也在不断恶化。产出下降，就业下降，唯独物价不会降。危机也就成为必然。当然了，危机了，失业大增，物价也就降下来了。紧缩货币降低的是经济的效率而不是物价，最终物价的下跌，是以经济崩溃为前提的。其实物价降不降，也无所谓，紧缩的目的，或许只是制造危机。降物价，不过是借口。

“我是个大夫，所以我只管把罗锅儿踩直了就好，至于病人死活，这个重要吗？至少，不关我什么事。”可是谁又能证明，你的这个说法，仅仅是出于愚蠢？谁又能证明，这样愚蠢的行为背后，不是一起谋杀呢？

货币与物价之间的关系，正如凯恩斯指出的，古典经济学家们在经济学的第一卷中认为价格由供需决定，言之凿凿，转到第二卷时，就改为了由货币决定。我只能说是凯恩斯的见识不够，因为如果他看了“第三卷”，就会发现，价格或许又变为了由价值决定。经济学就是这样，谁都不能保证自己所说的全都正确，但像货币数量理论能够错得如此完全彻底，无一可取之处，却也实在难能可贵！

古典经济学的货币理论，特别是这个“通货膨胀理论”，每一个汗毛孔都流淌着谎言和欺骗，然而使我最为吃惊的倒不是它的荒谬之深，而是如此坑爹的一个东西，居然被那么多人奉若神明，顶礼膜拜，并为之摇旗呐喊，以此为利器，打着“抑制通货膨胀”的旗号，实施抑制充分就业之实！在这个高利贷贩子们把持经济学理论权杖的时代，我们如何才能看到经济学的真相？

不禁使我再次想起保罗·戴维森的那段话：

中央银行公布的通货膨胀目标是用来激发工商企业员工的恐惧感的工具，如果他们要求工资上涨，将让他们面临失去谋生的工作机会的危险。这一限制货币收入需求增加的政策，可以称之为“恐惧性收入政策”。这样做的目的是要让广大劳动者相信，中央银行会不惜一切代价阻止高额工资或其他收入要求在市场上合法化。一项紧缩性货币政策，能够充分减少市场需求。而对利润亏损的恐惧能够让经理人员的腰杆儿更硬，他们可以拒绝工人提出的增加工资的要求。另外，员工们对于失业的恐惧也能够扼杀他们提高工资和福利待遇的要求。①

（写于 2012 年 5 月 20 日）

① 保罗·戴维森著，孙时联译：《凯恩斯方案》，机械工业出版社 2011 年版，第 75～76 页。

想吃包子的人,命中注定会被撑死?
——惊闻央行降息

这个时候降息,会很凶险,但不降,会经济危机。

一年多以前我便讲过,错误的紧缩性货币政策会把中国经济带入死胡同。实体经济受重创后,货币的生产性需求便会萎缩。等货币的生产性需求萎缩后再加大货币供应,降低货币租金(利率),此时投放的货币所满足的,将是清一色的投机性货币需求。楼市目前被政府死死地压住了,但还有股市,还有其他可以投机、爆炒的东西。一旦形成爆炒,银行存款便会不停地流出,为了保证银行不被挤提,央行只有不停地被动地放松货币。那些金融评论家们只看到了热钱撤离的可怕(其实热钱平进平出,中国只是损失点利息,尚输得起),却从来没有人说,真正的可怕之处在于,热钱在股市、期货或其他金融衍生品上和中国人对赌,大赚一票之后撤离。想想吧,那才是最可怕的。那些金融评论家们真的是没有看到吗?只怕未必,这年头,人家想上房,忙不迭地就有人要去送梯子了。

从前几次降准的节奏看,货币当局对这个问题还是很谨慎的,但可操作空间已经太小了。

如果不降息,还只是不停降准又会怎样?

继续把降准作为救命稻草的后果只可能有两种:

1. 因为存款准备金率只是制约货币效率的指标之一。存款准备金率下来了,下面还有存贷比、资本充足率,还可能外汇占款减少、银行惜贷、流动性陷阱等问题。就像是捆人的绳子,捆上时,有一道就可以了,解开时,只要还剩一道绳子没有解开,一切都无用。或许,一种可能性是根本解不开。

2. 所有的绳子都解开时，货币数量可以解决，货币质量却仍旧无法保证。在实体经济已受重创后，货币会进入实体吗？显然不会。结果是投机品被爆炒，实体经济资金加速流出。这一切即使是在中国改革开放的历史上也不鲜见，企业 IPO 后，资金直接杀回来，干什么能有炒股票快呢？所以，另一种可能性是，解开了，放出来的却是老虎。

降息了，第一种可能性便大幅下降了，相应的，第二种可能性大幅上升。

一年多以前我讲过一个故事：一个健康正常的人，想吃包子，结果却被算命的关了起来，说他命中注定会被撑死。这个人不服，算命的就说："为了怕你撑死，不能给你包子吃。"在饿了他七天后，算命的给这个人送去了一筐包子，说："你究竟能不能吃包子，让上天去决定吧"，结果……

算命的感叹说："看来，命中注定的事情，是无法改变的！"于是，想吃包子的人，命中注定会被撑死的谎言不断地流传了下去……

金融行业从野蛮遗迹发展至今，货币需求已经成了货币投放的决定力量，它不仅决定货币数量，最重要的是，它决定货币的质量（货币投放的结构）。如果仍沿着货币供给、货币数量的角度去探讨"通货膨胀""通货紧缩"，已经没有任何意义。所以，如今的货币政策，不是讨论该松还是该紧的问题，而必须是讨论如何管理货币需求的问题。如果政策制定者们有办法使货币再次进入实体经济，重新激活货币的生产性需求，那么这次降息，就可能使中国经济复苏。如果是在搞了一个烂摊子后，简单地说一句，"交给市场吧"，告诉你，市场会在"价高者得"这只"看不见的手"的作用下，把货币全部分配给投机性货币需求。道理很简单，一个饿了七天后的人，消化系统已经极为脆弱，输液或是流食才是他最需要的，而对于"包子"这种硬性食品，投机需求有着比生产性需求高出许多的承受力。一旦货币脱离实体经济仅靠自身的力量便完成了供给与需求的全过程，泡沫便真的实现了。

现在唯一不清楚的事情便是，决定减息前，这些东西，有人考虑过吗？看吧！

（写于 2012 年 6 月 8 日）

《悯农》——悲情中的经济学

“春种一粒粟，秋收万颗子；四海无闲田，农夫犹饿死。”这是一首体现文人墨客悲世情怀的经典诗作。至今广为传颂，并为士人引为警句。然而，作为现实社会中所存在的一种经济现象，除了它的文学价值外，如果不能挖掘出它的根源，甚至连逻辑关系都是错乱的，又如何能避免这一悲剧的发生呢？最终不过只是“少年不识愁滋味，为赋新词强说愁”罢了。

如果真的对这一经济现象深挖与扩展研究，足以揭穿诸多经济学谎言，颠覆一部经济学史话。

耕作，是人类生存的基本生产活动，这一活动缺少了土地或劳动力这两个生产要素中的任何一个都是无法完成的。这就决定了，这一生产过程本身便是一个土地与劳动力两要素匹配的过程。而土地与劳动力要素的这种结合，便产生了“春种一粒粟，秋收万颗子”效果。效果产生了，产品如何分配呢？亚当·斯密告诉我们，这个不用我们担心，市场会用“一只看不见的手”完成这一切的。那这只“看不见的手”，又是如何完成分配的呢？原则很简单，生产活动依要素配比而进行，产出品依稀缺程度来分配。

劳动力与土地两个要素，在匹配过程中必然会出现其中之一用尽，另一个剩余的现象，这就使得相对稀缺的要素处于分配的主动地位，可以获得超额收益，而相对过剩的要素，将面临被选择的命运。如果相对过剩的是劳动力，部分劳动力最终将因无法获得与之相匹配的土地要素而被闲置，闲置劳动力的下场自然可想而知，其他的劳动力为了避免被闲置的命运，只好听任把自己放在一个不利的分配地位上。故到了“四海无闲田”的程度，农夫不饿死才怪！因而，“四海无闲田”，农夫不是“犹饿死”，而是“必饿死”！

相反,如果相对过剩的要素是土地,部分土地最终将无法获得与之相匹配的劳动力要素而被闲置,这时地主的下场便自然可想而知了。如果真的会出现这种情况,只怕这首诗要改为"春种一粒粟,秋收万颗子;四海无闲人,地主犹饿死"了。当然,地主那么可恨,饿死就饿死吧,诗人是没空去同情他们的。

然而,现实却是残酷的。劳动力要素的提供者是分散的,土地却是集中的。试想,地主们会不会允许"四海无闲人,地主犹饿死"的那一天到来呢?当然不会!那他们会怎么办?当然是减少土地供应量!当地主把土地供应减少到使农夫再次过剩、再次闲置、再次犹饿死,诗人再次赋诗的时候,他的目的便达到了。此时尽管有闲田,只不过,那些被地主放入"池子"中的闲田,对农夫而言,"像天上的月亮一样"①是可望而不可即的。所以,未雨绸缪,地主们会事先把土地供应,控制在足以造成"农夫犹饿死"的水平上。

那农夫们会心甘情愿吗?他们不会反抗吗?有办法。

地主们可以制造一种理论,去给农夫讲一个鬼故事,吓得农夫再也不会要求地主释放被闲置的土地,这个鬼故事的名字,叫作"通地膨胀"!

"通地膨胀"究竟是什么?就像故事里的"鬼"一样,没有人见过,但是看地主们讲故事时的神色,想必是一种极为可怕的东西。

尽管没有人见过这个"通地膨胀",但是地主们却可以给它加入许多和它无关的内容,把它讲得绘声绘色,使这个"鬼"丰满起来。这个"鬼"的主题便是,田不能给多了,多了就会使耕者有其田,会使农夫手里的"田"贬值,造成土地租金下降,到时候,你们种的粮食便不值钱了!当你们每个人都可以尽自己最大所能得到足够的土地时,粮食就会"超发"。你们将不得不看着那些比你们弱小的农夫同样可以收获粮食,看着那些比你们强壮的农夫收获比你们多得多的粮食!你们愿意看到原本依靠耕地供应不足只能与你们获得相同收成的强壮农夫,一旦耕地充足了,收获一下子膨胀起来吗?还有最重要

---

① 凯恩斯著,高鸿业译:《就业、利息和货币通论》(重译本),商务印书馆 1999 年版,第 242 页。

的一点，你们除了吃粮食外，就不吃点儿别的吗？如果我把土地给足了，那样一来，尽管你收获的粮食总量可以换取更多的鱼虾，但是，每斤粮食所能换到的鱼虾数量却是减少了许多！站在你们的立场上为你们着想，凭什么同样的一斤粮食今年换回的鱼虾要比去年少！这不是"通地膨胀税"吗？宁可少打粮食，也不能接受呀！

农夫朋友们，想一想，多么可怕！这就是"通地膨胀"呀！

减少土地供应尽管会造成你们中的一部分人因土地不足而闲置，但也不一定就是你嘛！况且，土地普遍的供应不足使强壮的农夫无法人尽其才，这样便会减少你与更强壮的农夫间的贫富差距，这不正是你们想要的吗？至于说土地租金的升高，粮食不也因此可以换到更多的鱼虾了吗？简直是皆大欢喜的事情！

想一想，一群土地供应者的代言人向一群劳动力的供应者讲述土地供应过量从而会使劳动力相对稀缺的可怕！这个场景太可笑了！

读到这里，读者们一定会说，这太荒谬了！天底下怎么会有这样的事情！这一切不过是作者编出来的！

不错，这个"通地膨胀"的确是我编出来的，但它的逻辑却并不是我的原创，正是那些口口声声宣讲着"通货膨胀鬼故事"的人编制了这样的逻辑。我在这里想提醒大家的是，如果仅把"通地膨胀"改动一个字，它的荒谬，丝毫也不会减少。

（写于2012年6月18日）

“货币无用论”才是中国超配外储的最根本原因

一方讲，中国的外汇储备太多了，购买这么多的美国国债只是一堆堆的“废纸”；另一方却讲，手里这么多美元，不买美国国债怎么办？看似双方都有道理，其实，完全不着边际。

古典经济学理论中的货币中性论，甚至货币无用论，才是问题的死结。如果你以货币无用，作为反对中国外储过多的理由，那就是在支持无限度地增加外储。看似匪夷所思，其实道理却很简单。

货币是非中性的，不但是有价值的，而且是有产出的，更重要的，是它作为投入产出过程中与劳动力要素使用相伴随的必不可少的生产要素，将直接决定社会劳动力要素的使用及闲置情况。所以，货币是经济社会运转所必不可少的“商品”。正如凯恩斯所描述的那样：“失业之所以出现，原因在于，人们想得到的东西(即货币)像天上的月亮一样，是不能被生产出来的，而对于这种东西的需求又不能轻易加以抑制，所以劳动力就无法就业。唯一的解决之道是说服公众，使他们理解，纸币也是货币。然后建立一个由国家控制的制造纸币的工厂(即中央银行)。”

经过了1929年的大萧条和凯恩斯“廉价货币”的努力，美联储似乎明白了自己的职责。货币，终于可以被“生产”出来了，于是美元这种“商品”，支持了全球几十年的高增长、低失业。中国自改革开放之后，市场经济下对计划经济模式进行了否定。是中国人在市场经济下，对“就业”的渴求造成了对货币的巨大需求，这种需求不但是真实的，而且是有产出的。这样的货币需求，怎么可能是“中性”的呢？能够满足这样的需求的东西，怎么可能是“废纸一样无用的东西” 呢？如果能够认清这一点，我们就会发觉，中国并没有什么

“贸易顺差”可言，甚至可以说，并没有什么“外汇储备”。中国不过是出口了自己的商品，换回了“美元”“欧元”等其他国家生产的“货币”这一商品而已。而“货币”这种商品，却正是中国经济发展所必需的。

是这样吗？难道美元、欧元在中国可以直接流通吗？显然不是，它在中国的使用，是要经中国的央行贴牌的，然而我们的央行，共进口了多少他国生产的货币呢？239 981.89亿元(人民币记价)。那么贴牌后，又发行了多少人民币呢？54 407.42亿元！(别跟我讲应该按什么“高能货币”算，20%多的存款准备金率，我丝毫看不出，它的“能”高在哪里?)也就是说，77%的进口货币，没有被投入使用。怎么会有如此大的差别呢？其实正是“货币无用论”“美元废纸论”造成的，既然无用，是废纸，放出去只会祸害人，甚至是“通货膨胀”，那自然是把它们存在一个池子里，适时集中销毁的好！

前面讲了，中国的经济发展特别是计划经济向市场经济的转型及就业需求决定了中国的经济需要大量货币，于是只好大量进口货币，而进口的这些货币却不能直接拿来用于购买国内的劳动力，于是只能先交给自己的中央银行。而央行却认为，货币是中性的，甚至是有害的，所以替大家收藏在了自己的池子里，于是，中国的商品出口了，货币却并没有正常地被投放，结果勤劳的中国人民，为了让自己的劳动力能够被使用，只好勒紧自己的裤腰带，向着“月亮”继续努力，出口更多的自己的产品，换回更多的他国货币制造商的产品——货币。谁让在我们国家，“人们想得到的东西(即货币)像天上的月亮一样，是不能被生产出来的，而对于这种东西的需求又不能轻易加以抑制”呢？于是，央行的进口货币越收藏越多，市场的货币需求却越来越得不到满足的怪现象便发生了。

这就好像是一个好酒的人，没事儿喜欢喝上两口(中国人太勤劳，愿意为货币甚至为纸币而不停工作)，而他老婆却坚定地认为，酒是没有用的东西，是祸水，喝酒是有害健康的。于是，他只要是买了酒，就都被她锁起来(中国人太好储蓄)，于是，他就又没了酒喝，于是他只好再买，于是再次被锁起来，于是，再次购买。于是他的收入被大量用在了买酒上，相信照这样锁下去，迟早会把他的收入花光,直到最后,连饭钱都不剩,而她会把她的“池子”塞满。于是,面对这样一“池子”的废水、祸水,应该怎么办呢?看似把它们送人,是最佳选择。于是,这一切都是“勤劳惹的祸”都是“储蓄惹的祸”成为流行一时的谎言。

(写于2012年9月17日)

M2与GDP的真实关系

我一直认为这是一个极简单的问题，然而时至今日，仍旧有不少所谓的“经济学家”在纠缠于这个问题，什么“M2与GDP比值过高，是货币超发，并引发了‘通货膨胀’”。其实这是小学生都不应该犯的错误，小学的奥数题已经比这个难了许多！

GDP是什么？是国民积累的产出，你可以简单地理解为是国民资本的利息，M2是什么？是准货币化的本利和。那么显然，M2与GDP比值的高低，取决于两个因素，一个是本利和的M2化的问题；另一个便是“本利和”自身占当期利息的比值的问题，显然，社会积累越高，这个比值便会越高。

我记得有央行高官在做学者的时候便分析过中国的计划经济时期资本的货币化不足，是改革开放后M2“增长过快”的根源。在计划经济时代，积累是由国家完成了，民间没有积累的能力，甚至没有积累的权力，所以积累便不存在货币化的问题。那么现在市场经济了，随着民间积累的飞速增长，所谓的M2的超高速增长，甚至在相当长的时间内超过积累的真实增长也就不奇怪了。

而M2与GDP的高比值所反映的另一个侧面，则是中国的高积累问题。在原始资本积累的过程中，扩大再生产的比例远高于原始资本积累已经完成的国家，而扩大再生产(相当于是复利)对GDP推动力也必然强于简单再生产(相当于是单利，或存本取息)，所以我们的GDP才会增长比别人快。相对于M2而言，简单再生产，几乎是不增加本利和的(存本取息嘛)，显然，相同的GDP，如果完全是由简单再生产构成，它的M2与GDP比值，与资本原始积累过程中的比值无法同日而语。由此可知，在扩大再生产的前提下，与远高于别人的 GDP 增速(不能只看 GDP 绝对数)相对应的,必然是远高于别人的 M2 增速,这不是泡沫,是真实的货币需求。而通过信贷去完成原始资本积累,即使是用马克思的观点去分析,也已经要算作是最文明的了。当然,从那种对中国完成原始资本积累的恐惧出发,得出相反的结论,也就不足为奇了。

那些所谓"知名经济学家",会连这么简单的道理都不懂吗?显然不会。

前两天我在与岁寒知松柏兄讨论这个问题的时候,我们两人把这个过程比作鸡生蛋,蛋生鸡的游戏。

我说:

去年我买了一只母鸡,今年下了一堆蛋,我要把母鸡和蛋全卖掉,专家说:"央行只能为这堆蛋提供货币,鸡不是今年的 GDP,央行要是也为它提供货币,就'通货膨胀'了。谁让你去年不把鸡吃了呢?"我就奇了怪了,我去年把鸡吃了,哪来的这些蛋?没了鸡,也没了蛋,通货,反而不膨胀了?因为我舍不得消费(吃鸡),而去投资(养鸡下蛋),才造成了货币需求增长,但社会供给,也因此多了一只鸡和一堆蛋,物价怎么会比我去年把鸡吃了高呢?而我如果把卖鸡和蛋的钱,存入银行,甭管是哪年的 GDP,今后几年,全不在当年的 GDP 内,却一定在当年的 M2 以内。所以,越是多养鸡,少吃鸡和蛋,M2 与 GDP 的差距就越大。那堆"砖家",哪只眼看到,这叫"货币超发"呢?而投资越高,货币需求也就越大,相应铸币税也就越高。这个没办法解决,唯一的差别就是,可以不让中国政府拿这个税,那怎么办,老美反复 QE 呗,反正不拿白不拿!中国的鸡和蛋,中国的政府如果拿去吃了,就是"通货膨胀"?老美拿去了,就不膨胀了?事实证明,确实如此,老美拿去了,老美就不膨胀了!

岁寒知松柏回复@有智思有财:

这个问题,又回到改革开放的初衷了,当时中国是劳动效率低,管理水平差,技术落后,人员富余就业压力大,所以才引进种鸡,再把生产出的鸡和蛋卖给美国。实际上,那个时候是我们自己创造不出基础货币,所以需要引入美元反过来创造货币。

现在问题已经反过来了，我们省吃俭用攒下来鸡和蛋，因为已经被迫创造了很多货币，所以实际上可以自己吃了，不用送给美国人吃。

但是呢，在养鸡的过程中，财富的分配极不平衡，造成了自己消化能力结构性的不足。同时，养的鸡和下的蛋，品种不合理，产能供给也相对过剩了。

所以，现在中国是自己有钱却不能吃自己的鸡和蛋，非赖给美国，于是美国人吃了还骂你贱，不但收你铸币税，还要收反倾销税。

我回复岁寒知松柏：

就是这么点事儿。“养的鸡和下的蛋，品种不合理”。你前面也讲了，咱们当初就是借鸡下的蛋，借的就是“外国鸡”，扯点儿外国蛋，那也是没法子的事。可现在不用借鸡了，自己养，养的还是外国鸡，扯的还是外国蛋，不仅搞的中国蛋价飞涨，还扯得老美“蛋疼”。老美也纳闷，不吃外国蛋，你们养那么多外国鸡干嘛？中国人更郁闷，不是我们想养外国鸡，是中国的种鸡都被专家们阉了，说是要抑制“通鸡膨胀”和“投鸡过热”，说是你们老美讲的，“尽管短期看，鸡似乎是会下蛋的，但长期来讲，鸡是不下蛋的”（货币中性理论），阉了的鸡当然不下蛋了，这跟长期短期有什么蛋关系？

中国央行在专家们的建议下，拒绝对中国的高积累货币化。其结果，必然是中国的高积累的美元化，而美元化的结果，通过央行购汇，仍旧会推高M2。这就是专家们所不断提出的，所谓的“M2 超常增长”的另一重要原因，正是他们所开出的，“抑制通货膨胀”的毒药方。正因为他们坚持“货币是中性”的，是没有产出的，所以货币增加了，不会增加产出，于是才得出了只能增加物价的结论。也正是以此为借口，他们要求阉割了大量的货币。由于错误的紧缩性货币政策，造成资本产出的不断下降，以货币的大量闲置所引起的货币低效率进而造成资本的低效率，结果必然是，为了达到实现足够就业所必需的 GDP 增长水平，就必须靠更多的积累，才能得以完成。当大量的种鸡进口后，直接被专家阉割掉时，继续进口种鸡，就是中国经济的“不二”选择，可悲的是，这个“不二”选择的结果，却显然很“二”。当中国的养鸡专业户，不得不源源不断地用自己产的鸡蛋去换回美国人的种鸡时，中国国内的蛋价上涨和美国人的蛋价下跌就是必然的;而当中国的养鸡专业户们换回的种鸡被大量阉割后,国内鸡价的暴跌也是必然的。然而,随着M2中被阉割的比例的不断提高所带来的M2暴涨和货币对国内商品贬值,侥幸未被阉割的种鸡,却要承受相对于外国鸡的所谓“升值压力”,进而吸引更多的外国鸡不断涌入,涌入后,再次大量被阉割……

显然,M2中被阉割的比例过高所造成的高积累下的低产出反过来,又继续推高了M2！而M2中被阉割的比例之高和中国外储之高的根源,正是在于专家们不断叫嚣M2过高所造成的货币供应不足的结果(见前文《“货币无用论”才是中国超配外储的最根本原因》)。

中国的企业家们,看到银行家们宁可将越来越多的货币闲置,也不肯用于国内积累与投资的融通,反而联手不断推高货币的价格与租金;货币的瓶颈,造成民间积累无法通过货币化的途径用于国内的投资,于是,企业家们只好将越来越多的中国制造用于出口。然而引来的却是更加猛烈的紧缩政策,从而使货币的投入产出循环被阻断于M2的一侧,民间积累仍旧无法融通,投资与就业难以顺畅。可怜的中国老百姓,就只能靠勒紧裤腰带,省吃俭用,继续推高M2。政府试图把这些高积累借来用于国内的基础设施建设,专家们表现得却很愤慨:“借给你们？谁放心呀？只有借给美国政府,才是最安全的。”美国政府却很坦率:“只要是不需要还,我们一定肯借,就算是帮你们吧!”

很悲壮,但却是现实。

(写于2012年10月13日)

猪肉价格=通货膨胀？

在这个人云亦云“通货膨胀”的年代，如果你去问每一个人：“为什么你认为通货膨胀了呢？”其中的绝大多数会告诉你：“猪肉涨价了。”

的确，猪肉价格与20年前相比，确实涨了不少。但这就是“通货膨胀”？只怕未必吧？20年来，电视机的价格与20年前怎么比？手机呢？夏利汽车？窗式空调？单缸洗衣机？单开门冰箱？这些东西的价格怎么解释呢？找个借口搪塞一下，这就是古典学派惯用的伎俩。

我想谁都不能否认，中国目前处在一个工业化的进程之中。工业化的特点，就是其间用于生产单位工业品所占用和消耗的资源数量大幅下降；而其间用于生产单位农产品所占用和消耗的资源数量虽然也会有所下降，但下降速度远低于前者。其根源在于工业化进程中，工业部门与农业部门在生产力水平提高速度上的明显差异。工业品生产效率的大幅提高，大幅降低了工业品的稀缺性，而农业生产的效率虽也有所提高，但必然无法接近工业生产力水平的提高速度(否则还叫什么“工业化”)。二者叠加的结果，便是农业产品的稀缺性，较工业品出现大幅持续的上升。

从投资与需求的角度解释，工业的高速发展，会使投资性货币需求优先选择工业，而消费性货币需求则仍旧会优先选择农产品(民以食为天嘛)。这样，一旦工业品的高产出被货币化，势必推高农产品的价格。而这些所谓“多出来”的货币，并非像传说中的那样，来自于“货币超发”，相反，它是工业品真实产出的结果。因而，在推高农产品价格的同时，我们看到的是工业品价格的下降。当我们回顾一下这二十年来，手机、电脑、家用电器和汽车这些中国人必不可少的重要工业品的价格走势时，任何“通货膨胀”的理论，都是苍白的。我们必须认清,工业品货币化与农产品价格上涨,是同一个货币运转过程中两个不同的必要组成部分,如果割裂地看待它们,就会使自己陷入通货膨胀与通货紧缩的自相矛盾之中。即使是按照弗里德曼的概念,也是不能把这种现象称之为"通货膨胀"的。在这种情况下,如果我们以抑制通货膨胀为借口,减少货币供应,我们实际上是以阻止工业品货币化为代价,抑制"猪肉"的价格上涨,这无异于因噎废食。其结果必然会因为工业产出品货币化不足而引发经济危机。也就是说,如果 20 年来,猪肉价格不涨,那么一定是工业产出品的货币化出现问题了,电脑、汽车、家电、手机等工业品将无法像萨伊定律所描述的那样,自行产生自己的需求了。而凯恩斯的经济学理论之所以被称为萧条经济学,也正是因为在这种情况下,他对萨伊定律的反驳显然是正确和有力的。

经济危机,如果这就是我们的调控目标,那么我们准备好接受这样的后果了吗?而如果不是我们的调控目标,那么,当我们的眼睛不再被那块猪肉蒙住时,中国经济再次起飞的时刻,便近在眼前了。

(写于 2012 年 11 月 25 日)

中国多年来货币及房地产状况的普遍误读

多年来，一直在看一件极可笑的事情：M2高了，大家就认定是“央行货币超发”了；房价涨了，大家便认定是“泡沫”了。这种用线性思维方式去考虑经济学现象的行为，就像是用 $y=ax$ 的图形，去拟合 $y=x^2$ 甚至是 $y=a^x$ 一样。

许多经济学家实际上对货币投放是没什么概念的，因此自然对M0、M1、M2之类的理解仅能停留在定义和报表上。如果谁愿意继续停留在那个层面上，我以下的文字，请一个字都不要看。如果你肯暂时放下课本，那么，请听一下，真实的情况是什么。

一个国家的货币投放，主要是由央行和银行体系共同完成，当然其他人也部分有这个能力，比如说三角债，但它的货币效率就极低了。由M0到M1，到M2，直到企业间的三角债，再直到给农民、农民工的白条，随着它们每级的货币投放主体不同，货币投放主体的信用能力不同，货币效率是逐级降低的。而M2中的大部分是由银行贷款来完成的，也就是说，这部分投放用的是银行体系的信用，而不是央行的信用。这部分货币投放的主体，是商业银行体系，而不是央行。以下我们就结合中国目前的房地产业现状，对此进行分析。

中国近十年来，“居者有其屋”的伟大理想和央行货币供应意愿之间的矛盾，是中国目前货币状况严重畸形的根源。

普通中国人如果不贷款，是买不起房的（房姐们除外），贷款买房，就是银行对购房者定向的货币投放。是购房需求引发了这个初级的货币需求，从而引发了货币供给(投放)。但你如果认为,这里投放的是央行信用,那你就错了。除非卖房人将钱从银行的账户中取出,从而把这一对存款银行的债权,转化为对央行的债权(人民币),否则,你并不真正持有央行信用。你说:“我持有的是‘人民币存款’,怎么不是央行的信用?怎么不是对央行的债权?”理论上讲,任何人把人民币这一对央行的债权凭证,存入存款银行后,便是将对央行的债权(人民币),转化为了对存款银行的债权(人民币存款),这部分债权,央行是不应对其过度背书的。而正是我们国家过去计划经济过久,使大家几乎忘记了这一点,人们才会普遍认为,就是同一回事,都是一家子。“国家”是不可以让银行倒闭的,所以,我们拿着银行存款,拿的就是“国家”信用,是对“国家”的债权。在市场经济之下,这样的认识,会让“国家”不堪重负的,“国家”也真的不应该再加重这样的认识了。从宏观的角度讲,整个商业银行体系吸收存款的过程,是将社会持有的对央行的债权(人民币),转化为对自身债权的过程(人民币存款);发放贷款,则是向社会投放自身信用(大家对整个商业银行体系的债权)的过程,它是一个用自身信用交换贷款者信用的过程,即商业银行自身货币创造的过程。他所创造的货币,与央行投放货币(对央行债权)之间的倍数关系,就是整个商业银行体系的货币效率,反映的是商业银行体系的货币创造能力。显然,这些货币的信用和“活力”,都是远不及央行货币的。

回来说房地产贷款。有人说,中国房地产泡沫很大,理由是涨得太多了,大家口袋里的钱太少。是不是泡沫很大,我无法用一两句话给大家解释清楚,因为它涉及的层面太多,也不是本文讨论的重点,我只讲一个问题,就是,不可能用“涨得太多”和“大家口袋里的钱太少”作为泡沫的判断依据。

打个比方说,假如有一件东西,价值 100 元,以前是“协议转让”、计划分配,所以价格只有 20 元(只是打个比方,不是定量讨论),那么它的价格肯定是低估了它的价值。现在市场化了,价格本来就应该上涨,这当然不是泡沫。但那个“100 元”,反映的是市场的需求,而不是“有效需求”。这时的市场经济主体们,每个人的口袋里都不超过 10 元,所以,20 元的定价面临的仍旧是有效需求不足的。它的价格，只怕不仅不会涨，还会不断下跌。但是，我们能说，大家口袋里没钱，它会跌，所以20元钱，就是泡沫吗？至少我不会这样去定义"泡沫"的。

中国在长期计划经济之下，土地及许多资源是严重低估的，这就决定了，一旦将它们市场化，那么它们的货币化所带来的货币需求的激增必然是惊人的。而住房这一土地的重要使用方式，在人们不具备有效需求时，即使低估再明显，大家也是无能为力。如果这时出了一个政策，大家都可以借钱去买它，那么就会使许多原本不存在购买能力的人，突然产生了有效需求，这必然会推动这样东西价格的上涨。而与这些人的购买能力同时提高的，必然是土地、房产的货币化进程。因为张三与李四间的融资，是很困难的，它们没有银行那样的货币创造能力，无法用个人信用进行融通。所以，此时对银行需求很大。银行将张三口袋里的钱融通给李四的过程，是靠银行信贷，是靠向社会投放自身信用完成的，所以，商业银行才是这部分"货币"的创造者，是十几年来中国房地产货币化的主角。而这部分货币之所以被创造了出来，根源在于，手里只有10元钱，再借10元钱，就可以去买价值100元的东西，这不是"泡沫"，而是价值严重低估之下强大的货币化需求对货币创造的倒逼。

而且，土地、住房以及许多资源的价值是随国民收入和生产力水平的提高而提高的，这种关系是几何级数的。竟然会有人拿M2和GDP的比例说事？真是太可笑了！

仍旧说房地产业，当这些货币被创造出来之后，由银行替买房者支付给卖房者，这是一个将卖房者的房产（资产）货币化的过程，这部分货币完成投放之后，它究竟是进入消费？还是进入生产？这取决于房产的卖方，而房子的卖方无非就是开发商或者是二手房业主。开发商用这些货币继续在市场上拿地，盖房；二手房业主们则用这些货币，继续买更大的房子。政府拿到卖地的钱之后，修路拆迁，搞基础设施，增加土地含金量，再卖地。拆迁户拿到钱后，再买房子……这样就出现了一个问题，这些货币投放的结果，对消费和除房地产业外的生产，促进作用都不明显，大多只是简单地在一个买房、卖房、盖房、买地、卖地、增加土地含金量的范围内循环，自成系统，自我实现，自我完善。于是房地产就这样在一片喊打、喊杀声中，价值不断提升，价格也不断上涨，却没有人知道，它的机理在哪里，这难道是用简单的“泡沫”两个字可以总结的吗？

还有更严重的问题。中央银行和公知各界对货币的理解不是按需求定义的，因为他们认为货币是“外生变量”，是由供给方决定的，他们并不尊重货币需求，不承认货币需求的倒逼能力。甚至认为货币是“中性”的，货币多了，只能带来物价上涨。所以，他们自信地认为，有必要，而且他们有能力，控制货币数量。只要是压缩货币供给，就可以解决“货币超发”的问题。相反，只要是货币投放大了，就是货币超发了，央行失职了。于是，我们的央行，努力“尽职”。可是，在房地产的货币需求极其强劲的情况下，压缩货币供给的后果会是什么呢？当然是挤占那些竞争力远低于由“20 到 100”（只是打个比方，不是定量讨论）这个价值回归过程的一切生产性货币需求，以及无法抵御 20 到 100 这个诱惑而放弃了的消费性货币需求。货币总供给越是紧张，大家就越只能是把自己手里仅有的一点钱，投到最赚钱的事情上去。当大家都在讲进行房地产“投资”的时候，实际想的却是将大量社会极稀缺资源闲置，静等它的价格上涨。那么即便是那个东西的价格还没有涨到 100 元，东西本身没有泡沫，但这种行为却是实实在在的，既非生产性占用，又非消费性占用的投机行为了。而这个行为所产生的货币需求对货币供给的挤占，负面影响却是极为深远的。它使得除房地产外，其他行业逐渐丧失获利能力，从而降低了资本生产性使用的价值，同时大量土地及房产被闲置，必然进一步推高其价格，进一步增加了货币投机性需求的竞争力和需求数量，进一步挤占了生产及消费性货币使用。从而便进入了一个恶性循环。显然，货币政策越紧，这种投机行为对实体经济的杀伤力就越大。

商业银行存贷款规模不断扩大的过程，就是全民对商业银行的债权和商业银行对全民的债权同时不断扩大的过程，这就是货币创造的实质。而全民存款（对商业银行债权）不断激增的同时，全民对央行信用的需求也必然扩大，当许多人要求将对商业银行债权（人民币存款），转变为对央行债权（人民币）时，除非商业银行倒闭，否则，就只有由央行打开印钞机来解决了。在巨大而强劲的货币需求牵引之下，央行用不断提高的存款准备金率、央票及公开市场业务、存贷比等法宝，降低商业银行货币效率的同时，却必然地倒逼自身货币投放规模的上升。央行就像是湖心的一条小船，当它自信地用力拉紧拴在码头上的绳索（货币政策），试图将码头（货币需求）拉向湖心（货币政策目标）时，最终发现，被拉动的，却恰恰是自己。

还有比这个更麻烦的事情。如果仔细看过央行近十年来的资产负债表，就会发现，购买外币，是近十年来央行投放人民币的唯一手段。许多人喜欢从微观的角度，反驳我说，他手里的人民币，不是用美元换的。而如果我们用一个宏观的角度去看，就会发现，把自己的产品，先换成对外债权（外汇），然后用对外债权换取对央行债权，是获得人民币增量的唯一办法。但站在央行的立场上，这样做也可以理解。在他们看来，即使是这样，还“通货膨胀”了呢，还要被迫收回许多输入性的货币呢，除了买外汇外，哪还敢进一步“超发”呀？鞋合不合适，只有脚最清楚，鞋的大小，是事先计划好了的，你的脚长太快，削了就合适了，关鞋什么事呀？就这，大家还都说我鞋做大了呢！

那么从宏观的角度，这样做的结果，就是整个中国货币需求，只能靠不断出口自己的产品换取外汇来满足。于是，随着央行这条小船被拉向码头的，是中国的“外汇储备”。而面对人民币需求强劲，供给不足的现状，我们的央行开出的药方又是什么呢？是让人民币“国际化”，以进一步增加它强劲的需求。

这样一来，中国这个畸形的货币循环就形成了，中国的制造业者们，有能力与海外的同行争夺美元，却抢不过买房、卖房、盖房者们对人民币供给的竞争力。银行体系对房地产业的贷款是那样的娴熟和流畅，几乎是在流水线作业；相反，对我们的制造业者，却往往拒之门外。于是，中国的制造业者们只有进一步勒紧裤腰带，与海外同行争夺美元，以及从高利贷贩子手中寻求货币供给。央行本应是最有能力提供飞翔货币的主体，但它的紧缩性货币政策，将大量的高能货币，变成了躺在“池子”里睡大觉的闲置货币。这无疑将加重国内货币的紧缺，并直接导致了人民币的升值。于是，制造业者们便更加抢不过买房、卖房、盖房者们了。先由中国人，勒紧裤腰带，把自己的产出品和资源消耗大量能源运到国外，换回对外债权（外汇），然后用这些外汇，向央行换取可以使用的货币。央行为了“抑制通货膨胀”不断降低人民币的发行效率，回收这些货币，并使用自己的权力，降低商业银行体系的货币创造能力。而在房地产业的货币需求继续挤占之下，其他产业的货币需求仍旧无法得到满足，从而不得不省吃俭用，把自己更多的产出品和资源，消耗更多的能源运到国外，换回更多的对外债权，最终得到的一句评语，却是“中国人太爱储蓄了”。

央行的货币政策，就像是连接在外汇储备与房地产货币需求之间的一条多节点的绳索，央行收紧其中一段，其他节点间就有可能被拉长（数倍的商业银行信用，才能顶得上一点点央行信用，不知道多少倍的三角债和白条，才能顶得上一点点银行信用）。好在中国的央行权力足够大，它有能力收紧每个节点间的绳索，在它不断收紧这道绳索各节点间的每一个环节，挤压各个产业之后，房地产的货币需求与外汇储备两者刚性的比拼，决定了最终是谁将拉动谁……

如果把换回外储的那些资源和产品看作一般等价物，那么，在货币需求$=MV$（M 是一般等价物，V 是各级货币效率）中，央行不断降低各级货币效率的结果，如果不能拉低货币需求，就必然会拉高一般等价物的锁定数量。仅此而已。

说完了央行政策，我们再回过头来看一下我们的房地产政策。可以借钱买房子了，需求便会出现暴增，那就只能是靠大规模增加房屋的供应量来解决这个问题了。但是，房地产政策的制定者们，似乎也并没有太多地考虑国内货币体系的货币供应能力，相反他们认为限制对开发商的贷款，增加开发商的风险，提高他们的成本和税收，可以解决房子供应不足的问题。可想而知，这样做，只会不断推高房价。当由房地产业带来的这个高速增长的货币需求，遇到央行“正常”增长的货币供给的要求时，中国货币及房地产业现状的畸形，就不难理解了。

在地少人多，供给受限的情况下，“居者有其屋”的追求，与“让房价不上涨”的政策目标是矛盾的，也就是说，如果你要想让更多的人“居者有其屋”，让大家的需求更多地转化为“有效需求”，就必须加快房地产的货币化，所以只能容忍房价的上涨，从而用市场的力量去调节供需，去逐步实现这一目标；相反如果你要想“让房价不上涨”，就必须限制人们的购买能力，减缓土地及房产的货币化，使大家的需求无法过快地转变为“有效需求”。即让更多的人买不起房。我们的房地产业政策目标，究竟是哪一个呢？如果你说“都要”，那么你必然哪个都得不到。

住房一旦市场化、货币化，就必须接受“价高者得”的法则。行政干预，就会显得是那样的无力。投机者们，不仅比制造业者和住房刚需们更勇敢，更善于把握时机(要不怎么叫“投机者”呢)，他们甚至具有更强大的资金实力和利率承受能力。市场这只“看不见的手”就是这样的残酷，它的所谓“有效”，不过是能够准确地把稀缺资源送到那些最能识别稀缺性的人们手中，却完全没有兴趣去区分哪个是“刚需”，哪个又是“投机分子 ”。住房信贷开闸后，大家几乎在同时获得了购房的机会，却也注定了，在不久的将来，许多放弃了这一机会的人将永远失去这一能力。先是把巨大的需求释放出来，然后用行政“命令”房价不许涨，这不是明摆着让投机者去套利吗？

高额的首付，高企的利息，专家们的误导，使许多刚需错过了合适的购房时机，从而为投机者创造了机会。专家们帮助投机者们获得了一个低价买入的时机，代价是向银行支付高额利息。这样他们便可以通过银行系统，向那些刚需们借钱，买走本应属于他们的房子，并在价格暴涨后，卖还给他们中那些“成功人士”。银行因此获得巨额息差，投机者支付巨额利息后，收益仍旧惊人。这真是一件皆大欢喜的事情！

（写于2013年3月26日）

自行车就是一个泡沫

很显然,自行车就是一个泡沫。把它立在那里,没有不倒的道理。是人为让它跑得比两条腿快,才使它可以不倒。这明显就是在吹泡泡吗!为了要让它不出问题,唯一的办法,就是让它停下来,只有停下来,仍旧不倒,才可以继续走,才能走得更健康。走也没必要太快,跟两条腿的速度一样,就可以了。否则不仅是泡沫,而且是“速度超发”“速度膨胀”。不信,你让它停下来试试!

你看!倒了不是!多可怕呀!还说不是泡沫?!如果不是停着,由着你们“速度超发”“速度膨胀”下去,不知道要摔成什么样子了!

看你那摇摇晃晃的样子,每次都是靠死命地踩两脚,才没有倒下。这样,岂不是泡沫越来越大?迟早会有破的时候!我们可不能把泡沫留下来呀!

所以,显然,要想使用自行车,就必须让它先停下来,刺穿泡沫,能够保证,在停着的情况下,不倒,才可以继续走。一定的!

(写于 2013 年 6 月 17 日)

中国人怎么可能怕货币战？

近来一些茅粉似乎突然对宏观经济产生了极大兴趣，使我想起2年多以前讨论这个话题的时候，任老师告诉我，价值投资者是不关心宏观经济的，我还以为只要是拿好自己的茅台便能穿越危机呢。好吧，幸好我不是价值投资者。

其实宏观经济没有那么复杂，说穿了就是一个供给和需求的问题。近百年来，全球一体化在分工方面的一个伟大创举就是发达国家负责消费，发展中国家负责生产。生产为发展中国家提供GDP，消费为发达国家提供GDP，各取所需，供需由此平衡。而由此也产生了一个问题，就是消费品消费完，就没了，但与之对应的债权却会不断在生产方堆积，同时债务会不停地在消费方堆积，发达国家消费发展中国家的产品渐渐上瘾的同时，发展中国家收藏发达国家货币(对该国的债权)渐渐上瘾。可是随着发展中国家收藏的发达国家货币数量越来越大，双方渐渐都对此无法容忍，发达国家怒发冲冠的样子："你们真是贪得无厌，贸易顺差已经累积了那么多，我的货币你也储备了那么多，还是没完没了地对着我们出口！出口！"发展中国家越想越憋气："我拼命生产，白给你们，换来的货币都锁在地下室了，屁用都没有，你们不说谢我们，反倒天天叫着制裁我们。"

于是原有的供需平衡模式将被打破。无非就是如下几种结果：

1. 发达国家突然决定勒紧裤腰带，降低消费，舍弃GDP，指责发展中国家输出通缩，就算你再肯白借给我，我也不肯再要了，还想收藏我的货币？对不起，不给了，有种你就用自己的。由此，发展中国家为发达国家量身定制的产能大量过剩，失业率上升，GDP下降。全球出现经济危机。

2. 发达国家突然决定勒紧裤腰带,于是发展中国家开始在其他发展中国家中寻找市场,没钱?没关系,我不要钱,白借给你,不用还的,反正白借给谁不是借?

3. 发达国家开始鼓励发展中国家大力发展金融业,特别是要大力发展其根本搞不懂的衍生产品。这就好比是大家都欠一个傻小子的钱,于是拉着这个连那些赌具都不曾见过的傻小子上了赌桌。可是傻小子可能手气很好,于是越赌越大,最终傻小子还是输光了。不过没关系,只要是没有新的傻小子跑来抢活干,大家就又可以坦然地回复到发达国家负责消费(欠的债已经赢回来了),傻小子负责生产的固有模式,皆大欢喜。

第二种方式就不做评论了。只说第一种和第三种。

第一种情况应该说是大家最不愿意看到的,小时候一听到"经济危机"这个词,联想到的画面就是牛奶往海里倒,前不久中国也曾报道过奶农倒奶的事情。这不仅会使人民陷入贫困和饥饿,甚至会陷入战争。这个场景其实很可笑,奶卖不出去,倒到海里,生产牛奶的就赚不到钱,就买不起衣服,于是衣服就也卖不掉。那怎么办?也倒海里呗。于是食品和服装都被倒到海里,生产这些商品的人们,却都饿着肚子光着屁股。小的时候我一直没想通,这么白痴的事情,为什么会发生?长大后我一直没想通,这么简单的事情,为什么那么多自称"经济学家"的人越讲越讲不明白?

全球一体化是好样的。在全球一体化之下,这个问题解决了:发展中国家只负责生产就好了,产品出来后卖给发达国家,换回发达国家的货币,然后购买自己需要的商品,这样就既不需要担心自己的商品卖不出去,又不必担心没钱买自己所需的其他商品了。而这种交易需求就决定了在整个社会的流通领域中,需要沉淀大量的货币,于是这些沉淀货币所对应的商品,就被货币提供者(发达国家)无偿占有了,用格林斯潘的话说"这个债是不需要还的"。可是,当中国人开始参与这个游戏之后遇到了麻烦,可能是中国人过于吃苦耐劳了吧?我们所换回的货币,远远高于自身流通所需,于是,有一个叫"央行"的部门,总是担心中国人有了太多货币之后乱花,时不时地搞个什么提高存款准备金，要么发点儿央票什么的，回笼一些，然后锁在央行地下室里，以保证市场上永远没有足够的货币供应。结果中国的商品生产者们不得不进一步出口更多的商品，换回更多的货币……

这样，问题就又来了，当我们超储了这么多美元之后，这些债，仍旧是不用还的吗？显然美国人不再如此自信。那么，拉着中国人赌一把，把这些钱赢回去的欲望便越来越强烈。有人说这是“阴谋”！真扯，你欠别人这么多钱试试！人之常情而已，而且对中国来讲，也未必是坏事，总比倒到海里甚至发生战争要强得多！而且从美国的发展历程来看，傻小子一旦上了赌桌，赌术的提高也是很快的，久赌无赢家，早晚把上任赌神干掉，自己来坐庄！自己成了庄家也未必是好事，一旦学会了这个，还会继续甘心情愿地作为世界商品的生产者吗？于是，一个债权人很快便会堕落成一个债务人。消费→欠债→拉人上赌桌把欠的债赢回来，最终还是输得精光。宿命一般。福兮？祸兮？听起来是否像极了塞翁的故事？

那么如果自己生产，自己消费，不参与这场赌博呢？

怎么可能？

我们连衍生品是什么都还没搞懂的情况下，就恨不得开齐了这些游戏。如今已经无法收手，最主要的是，我们也不想收手。豪赌一把，无论输赢问题就都解决了。以中国人的体力，输了又怕什么？从头积累我们的外汇就是了。以中国人的聪明和赌性，以及光着的这双大脚，这样的游戏几个回合下来，相信赌桌上那些穿鞋的，便没有人敢再下注了！

（写于 2015 年 8 月 25 日）

一个典型性骗补的故事

公元前314年,燕国发生了内乱,临近的齐国趁机出兵,侵占了燕国的部分领土。

燕昭王当了国君以后消除了内乱,决心招纳天下有才能的人,振兴燕国,夺回失去的土地。虽然燕昭王有这样的号召,但并没有多少人投奔他。于是,燕昭王就去向一个叫郭隗的人请教,怎样才能得到贤良的人。

郭隗给燕昭王讲了一个故事说:从前有一位国君,愿意用千金买一匹千里马。可是3年过去了,千里马也没有买到。这位国君手下有一位不出名的人,自告奋勇请求去买千里马,国君同意了。这个人用了3个月的时间,打听到某处人家有一匹良马。可是,等他赶到这一家时,马已经死了。于是,他就用1 000金买了马的骨头,回去献给国君。国君看了用很贵的价钱买的马骨头,很不高兴。买马骨的人却说,我这样做,是为了让天下人都知道,大王您是真心实意地想出高价钱买马,并不是欺骗别人。果然,不到一年时间,就有人送来了3匹千里马。

郭隗讲完上面的故事,又对燕昭王说:“大王要是真心想得人才,也要像买千里马的国君那样,让天下人知道你是真心求贤。你可以先从我开始,人们看到像我这样的人都能得到重用,比我更有才能的人就会来投奔你。”燕昭王认为有理,就拜郭隗为师,还给他优厚的俸禄。并让他修筑了“黄金台”,作为招纳天下贤士人才的地方。消息传出去不久,就有一些有才干的名人贤士纷纷前来,表示愿意帮助燕昭王治理国家。经过20多年的努力,燕国终于强盛起来,终于打败了齐国,夺回了被占领的土地。

(写于2016年12月1日)

另一个骗补及产业政策失败的故事

1451年，一个叫哥伦布的家伙出生在热那亚的工人家庭。这个注定不安分的家伙长大后当上了船长。哥伦布自幼热爱航海冒险，年轻时就十分推崇曾在热那亚坐过监狱的马可·波罗，立志要做一个航海家。

哥伦布对地圆说深信不疑，他确信西起大西洋是可以找到一条通往印度的切实可行的航海路线的。他坚决要把这种疯狂的设想变成现实。然而理智的企业家们并不接受他这个荒谬的想法，根据那个时代最杰出的专家们的精准计算，以当时的航海能力，从欧洲出发，向西走是不可能到达印度的。这样的产业发展方向，是无知的，是注定会失败的。可悲的是，他们算对了。

另一方面，当时，西方国家对东方物质财富需求除传统的丝绸、瓷器、茶叶外，还有亚洲的高利润的香料贸易。这些商品主要经传统的海陆联运商路运输。经营这些商品的企业家们出于既得利益，也极力反对哥伦布开辟新航路的计划。

于是这个叫哥伦布的家伙，想出了一个无耻的办法——骗补！哥伦布先后向葡萄牙、西班牙、英国、法国等国国王请求资助，以实现他向西航行到达印度的计划，结果都遭拒绝。在咨询了专家们之后，各国领导人清醒地认识到哥伦布这个江湖骗子，纯属一派胡言！

最终，他利用了西班牙急于发展航海业的产业政策，终于说服了伊莎贝拉女王，为他的赌博提供了经费。

真是个骗子！

哥伦布为实现自己的计划，到处游说了十几年。直到1492年，在西班牙产业政策的支持下，伊莎贝拉女王甚至要拿出自己的私房钱资助哥伦布，使哥伦布的计划得以实施。

1492年8月3日，哥伦布受西班牙国王派遣，带着给印度君主和中国皇帝的国书，率领三艘百十来吨的帆船，从西班牙巴罗斯港扬帆出大西洋，向正西驶去……

失败的结果自然是意料之中的，直到他1506年逝世，哥伦布从来没有到达过印度，更别说中国了。

（写于2016年12月1日）

第 4 篇

杂论疏议，话外，史迹之中的咏叹调

你是想卖一辈子糖水，还是跟着我一起改变世界？

前百事可乐总裁约翰·斯卡利的市场能力闻名于世，尤其是在百事公司推广“the Pepsi Challenge”这项计划使得公司从主要竞争对手可口可乐那里获得了市场份额。1983 年，乔布斯为了让斯卡利加入苹果，说出了这段著名的话，这极具煽动性的语言至今仍被人津津乐道——“你是想卖一辈子糖水，还是跟着我改变世界？”

斯卡利果然被打动了。

然而，之后故事的发展却变得极具戏剧性。1985 年，在斯卡利加盟苹果后不久的壮举却是把乔布斯赶出了苹果。

1993 年由于苹果公司利润、销售和股票价格下降，斯卡利自己最终也没能逃过被赶出苹果公司的命运。

1996 年 12 月 17 日，全球各大计算机报刊几乎都在头版刊出了“苹果收购 Next，乔布斯重回苹果”的消息。此时的乔布斯，正因其公司（现皮克斯）成功制作第一部电脑动画片《玩具总动员》而名声大振，个人身价已暴涨逾 10 亿美元；而相形之下，苹果公司却已濒临绝境。乔布斯在苹果危难之时重新归来，苹果公司上下皆十分欢欣鼓舞。若干年后，苹果更是市值一举超越微软，成为全球最值钱的科技企业。

这样的结局之下，1993 年黯然离去的斯卡利，不知是否会后悔，自己没有坚持卖一辈子糖水了？

显然，当百事可乐离开斯卡利时，它依旧是百事可乐；而当苹果离开乔布斯后，即使有十个斯卡利，它也不再是“苹果”。这就是百事可乐与苹果两家企业的区别。对大多数非乔布斯的人而言，如果你不能心甘情愿地跟在别人屁股后面去创造世界，那便远不如去卖一辈子糖水了。正是由于没有搞清这一点，斯卡利才会不停地去干蠢事。

“你是想卖一辈子糖水，还是跟着我一起改变世界？”

我相信，如果有人拿这样的问题去问巴菲特的话，他会毫不犹豫地选择前者。尽管后者看似有极大的吸引力，但巴菲特会很清楚，他自己虽然也很牛，但他并不是乔布斯。

（写于 2012 年 3 月 5 日）

由“煮酒论英雄”看三国智慧

(一)煮酒论英雄

刘备是否英雄？是否被曹操当作主要竞争对手？熟知《三国演义》“青梅煮酒论英雄”的朋友，想必会提出这样的问题。

按《三国演义》的说法，当时董承约会刘备等立盟除曹，刘备恐曹生疑，每天浇水种菜；曹闻知后，以青梅绽开，煮酒邀刘宴饮，议论天下英雄。当曹说“天下英雄，唯使君与操耳”，刘备闻之大惊失箸。时雷雨大作，刘备以胆小、怕雷掩饰而使曹操释疑，并请征剿袁术，借以脱身。

故事不长，但其间却有着无数的不合逻辑之处。

原文如下：

操曰：“使君知龙之变化否？”玄德曰：“未知其详。”操曰：“龙能大能小，能升能隐；大则兴云吐雾，小则隐介藏形；升则飞腾于宇宙之间，隐则潜伏于波涛之内。方今春深，龙乘时变化，犹人得志而纵横四海。龙之为物，可比世之英雄。玄德久历四方，必知当世英雄。请试指言之。”玄德曰：“备肉眼安识英雄？”操曰：“休得过谦。”玄德曰：“备叨恩庇，得仕于朝。天下英雄，实有未知。”操曰：“既不识其面，亦闻其名。”玄德曰：“淮南袁术，兵粮足备，可为英雄？”操笑曰：“冢中枯骨，吾早晚必擒之！”玄德曰：“河北袁绍，四世三公，门多故吏；今虎踞冀州之地，部下能事者极多，可为英雄？“操笑曰：“袁绍色厉胆薄，好谋无断；干大事而惜身，见小利而忘命：非英雄也。”玄德曰：“有一人名称八俊，威镇九州：刘景升可为英雄？”操曰：“刘表虚名无实，非英雄也。”玄德曰:“有一人血气方刚,江东领袖——孙伯符乃英雄也?”操曰:“孙策藉父之名,非英雄也。”玄德曰:“益州刘季玉,可为英雄乎?”操曰:“刘璋虽系宗室,乃守户之犬耳,何足为英雄!”玄德曰:“如张绣、张鲁、韩遂等辈皆何如?”操鼓掌大笑曰:“此等碌碌小人,何足挂齿!”玄德曰:“舍此之外,备实不知。”操曰:“夫英雄者,胸怀大志,腹有良谋,有包藏宇宙之机,吞吐天地之志者也。”玄德曰:“谁能当之?”操以手指玄德,后自指,曰:“今天下英雄,惟使君与操耳!”玄德闻言,吃了一惊,手中所执匙箸,不觉落于地下。时正值天雨将至,雷声大作。玄德乃从容俯首拾箸曰:“一震之威,乃至于此。”操笑曰:“丈夫亦畏雷乎?”玄德曰:“圣人迅雷风烈必变,安得不畏?”将闻言失箸缘故,轻轻掩饰过了。操遂不疑玄德。

“玄德曰:‘圣人迅雷风烈必变,安得不畏?’将闻言失箸缘故,轻轻掩饰过了。操遂不疑玄德。”看过后,我不禁想问,这个故事说的是“奸雄”曹操吗?我们的曹丞相,什么时候,变得如此好骗?况且以常人而论,刘备当时的实力,不要说与刘备前面提到的袁术、袁绍兄弟,就是跟刘表、孙策、刘璋甚至张绣、张鲁、韩遂等辈尚相差甚远,曹丞相把那些人全不放在眼里,却唯独如此看重这个刘备?即使是真的如此看重他,以曹丞相的为人,如何可能轻易说出?而既然如此看重他,又说了出来,按照常人之理,要么让他成为自己手下的大将,要么杀了他,怎么可能会轻易放“刘英雄”离去呢?而在他离去后,至少可以以“汉献帝实际控制人”的身份,让献帝下一纸诏书,废了这个“皇叔”,又如何会让刘备带着“皇叔”的称号,四处“招摇撞骗”呢?这不明显是为自己树立一个争夺天下的竞争对手吗?莫非真的只能按照主流的说法,是“碰巧”曹丞相平生少有的一次酒后吐真言?又“碰巧”曹丞相平生少有的一次一时糊涂,于是,放走了这位“刘英雄”?但看一下曹丞相幼时便会假装中风,挑拨他叔叔与他父亲之间的关系,后来更是借酒杀人,借梦杀人,这些都是他的拿手好戏,指望他酒后吐真言?还是甭想了。显然,是另有原因。

(二)许田围猎与“衣带诏”

至于当初董国舅为了除曹，为什么会主动联系这位刘皇叔？按照《三国演义》的说法，是因为马腾看到了“许田围猎”时关羽和刘备的异常反应。但这又有了不合逻辑之处，刘备、关羽兄弟在射猎时的异常表现，连马腾那样的粗人都看在眼里，记在心上，之后董承又主动与刘备联络、结盟，其间来往难免不密，耳目众多的曹操却偏偏毫无察觉？还兴高采烈地与刘皇叔在“煮酒论英雄”，然后继续被骗，进而竟然放这位“刘英雄”借了兵马去截击袁术？此时的袁公路因为公然自立为帝，逆天行事，已经被“主持正义”的曹丞相打得如丧家之犬了，真正的是曹操所说的“冢中枯骨”了，随便派个人就搞定了，哪里用得着“刘英雄”出马？更何况，这样的举手之劳，便功在汉室的业绩，曹公就这样让与刘备？就是为了成全刘备的“英雄之名”，让他今后有资本与曹丞相竞争？曹操什么时候变得这么厚道了？看起来，要给曹丞相改脸谱了。

还有更不合逻辑之处在于，在这件事情上，一直显得很好骗的曹丞相，“碰巧”刘皇叔一离开，董国舅集团便全部落网了？结合无数次反曹阴谋的“碰巧”破产，我们不得不问，是那些反曹英雄们太不注重保密？还是上天过于护佑这个“汉贼曹操”呢？抑或是有其他原因？比如说，多疑的曹操收买了大量耳目，为其监视对手们的动向？

先看一下《三国演义》中的说法吧。董承约会刘备等立盟除曹的起因即是所谓的“衣带诏”，这个“衣带诏”事起曹操“许田围猎”。而按照《三国演义》的说法，这个“许田围猎”从一开始就是曹操布的一个局，就是要看一下各方的“动静”，刘备、关羽的举动如何可能逃过曹操的耳目呢？

谋士程昱说曹曰:“今明公威名日盛，何不乘此时行王霸之事?”操曰:“朝廷股肱尚多，未可轻动。吾当请天子田猎，以观动静。”(《三国演义》第二十回)

果然，不仅刘备兄弟，董承等“朝廷股肱”也有了“动静”。从这份“衣带诏"送出的经过可以清楚地看出来，其实董承等人的一举一动都一直在曹操的监视之中，以至于没出宫门曹操就到了。但曹操还是让他们把这份诏书送出来了，为什么？这不是很明显的事吗？

显然，整件事情，除了有关"刘英雄"的部分，曹操出现了选择性的视觉障碍，其他部分完全在曹丞相的掌控之中。如果这是一部现代电视剧，大家自然会认可这些"碰巧"，不去追究这些不合逻辑之处，"英雄不死"嘛！因为导演就是这样安排的嘛！但这一切出自罗贯中之手，四大名著之一，而且是基于大量史料写成的，许多事件在史料中也有明确记载，这许多年来，便从没有人好奇过，问题出在何处吗？

（三）真相

如果我们把《三国志·先主传》中的记载拿来对比一下，或许会得到一些启发。

作为罗贯中写《三国演义》最主要历史资料的《三国志》，"论英雄"相关内容的记载极为简单，但却极为惊人：当刘备败于吕布后，投奔曹操，曹操不仅"帮刘备"打败、生擒吕布，救出刘备的妻儿，并且……

表先主（刘备）为左将军，礼之愈重，出则同舆，坐则同席。袁术欲经徐州北就袁绍，曹公遣先主督朱灵、路招要击术。未至，术病死。

先主未出时，献帝舅车骑将军董承受帝衣带中密诏，当诛曹公。先主未发。是时曹公从容谓先主曰："今天下英雄，唯使君与操耳。本初之徒，不足数也。"先主方食，失匕箸。遂与承及长水校尉钟辑、将军吴子兰、王子服等同谋。会见使，未发。事觉，承等皆伏诛。

也就是说，不仅刘备去打袁术，不是刘备自己要求的，而是曹操派的，而且董承最初找刘备时，刘备并没有答应。但"碰巧"在此时，曹操找刘备，"从容"说出了"今天下英雄，唯使君与操耳。本初之徒，不足数也"的话，刘备才"遂与承及长水校尉钟辑、将军吴子兰、王子服等同谋"。《三国志》的这个"从容”二字用得很好，明显是在暗示一切尽在曹操掌握之中。

按照易中天的解读，这两个又是“碰巧”，之所以罗贯中在《三国演义》中做了改动，是因为觉得太巧了，巧得“不合逻辑”，于是便调整了一下，把与董承密谋安排在了煮酒之前，而出去打袁术，则变成了刘备请命。至于曹操为什么会从容说出这样一段话，易中天说了几种可能：比如说曹操当时尚不够“奸雄”。我想这一点看一下吕伯奢一家的下场和曹操幼时是如何坑他叔叔的，便不会有人相信这一说法。再比如说，认为是一种“火力侦察”。但这就又不合逻辑了，如果是试探，更证明曹操已经起疑，那又怎么会这么快就放刘备离去？还借兵给他呢？而如果是刘备主动要求离开的，那不就正中曹操之计吗？刚说你是英雄，你就想跑？曹操就更不可能放他走了，相信刘备也绝不会这么幼稚，直接暴露自己的企图。还有一个说法，是曹操虽然认为刘备是英雄，但无用武之地，所以不会构成威胁。这就有点意思了，怕他没有用武之地？所以借兵借将给他，放他出去？

回过头来，我们再看，仅仅是因为觉得太“碰巧”了，值得罗贯中绕那么大的圈子？况且，即使减去这两个“碰巧”，其他的“碰巧”之处，又还少吗？好像只会更不合逻辑。显然这不是问题的关键所在。最重要的是，如果加上这两个“碰巧”，基本上可以认定，这一切根本就不存在什么“碰巧”。这些看似不合逻辑的事件的总导演，既不是陈寿也不是罗贯中，他的名字叫“曹操”。于是，一切便符合逻辑了！

先是用许田围猎使汉献帝的死忠们结盟；刘备不想加入，于是封给刘备一个“英雄称号”，吓刘备一下。傻子也能听出这句话的意思“你装什么装？你以为不跟董承结盟，假装在那里种菜，我就不拿你当竞争对手了？”吓得刘备不得不立刻加入曹操反对者的阵营而与董承之流结盟；然后曹操再主动借兵马给刘备，派刘备出去打一个根本不需要打的敌人（事实上袁术也确实已经很不经打了，《三国演义》中说是打了一下，《三国志》干脆说，还没来得及打，穷途末路的袁公路竟然为了想喝一口蜂蜜喝不到，便气得吐血而亡了）；刘备前脚一走，曹操就把董承等人灭了。不用什么“英雄”，任何人在这种情况下也不可能再回来接着种菜了！

于是，自此刘备就背着这样一个“英雄称号”、一个“皇叔称号”和汉献帝的所谓“衣带诏”开始了他的“英雄历程”。用现在的话讲，刘备的这个“英雄”，是曹丞相“赏识教育”的结果。也就是说，刘皇叔是在曹丞相的不断赏识教育与逼迫之下走上的这条“英雄之路”的。

这太影响刘皇叔的英雄形象了，看起来，倒有点像曹公手中的一颗棋子了。要是这样写，《三国演义》的整个思路都不得不调整了。所以，罗贯中必须对这部分内容进行改动。

（四）“英雄”是怎样炼成的？

但是，尽管罗贯中调整了这部分内容，在《三国演义》中，曹操为打造刘备这样一个“英雄”，所做出的不懈努力，仍旧是清晰可见的。

那么刘备，究竟是不是英雄呢？

玄德以一织席贩履之辈，成就一代帝业，卧龙凤雏，争相依附，关羽、张飞、赵云更是以兄弟相称，怎么能说不算是英雄呢？

然而在其 28 岁尚一事无成，在招军榜前“慨然长叹”之时，以及之后讨黄巾军，几经曲折，直至后面托同学公孙瓒保举，也不过是个默默无闻的平原县令。袁术就曾经说过“术生年以来，不知有刘备”；孔融曾经向刘备求救兵，引得玄德公“敛容答曰：‘孔北海知世间有刘备耶？’”长期的不得志，打击着刘备的自信，只怕连他自己都会怀疑，是否仅是一个志大才疏之辈了。毕竟，刘备和当时的众豪杰相比，起点太低了。

中国人喜欢讲，“是金子就一定会发光的”。然而，从物理学的角度，金子本身并不发光，它的所谓“发光”，不过是因为有光照到了它。物理学上称之为“反射”。那缕照到“刘英雄”身上的光，究竟来自何处呢？

按照《三国演义》的说法，刘备与关张结义起兵于镇压黄巾起义，虽有战功，却无所获。之所以后面能够让“孔北海知世间有刘备”，只怕还是要归因于各路诸侯讨董卓时的"重在参与"。刘备三兄弟在众诸侯面前第一次出场时并不叫座：

绍举目遍视，见公孙瓒背后立着三人，容貌异常，都在那里冷笑。绍问曰："公孙太守背后何人？"瓒呼玄德出曰："此吾自幼同舍兄弟，平原令刘备是也。"曹操曰："莫非破黄巾刘玄德呼？"瓒曰："然"。即令刘玄德拜见。瓒将玄德功劳，并其出身，细说一遍。绍曰："既是汉室宗派，取座来。"命坐。备逊谢。绍曰："吾非敬汝名爵，吾敬汝是帝室之胄耳。"玄德乃坐于末位，关、张叉手侍立于后。（《三国演义》第五回）

从这里可以看出，直到这里，刘、关、张也只能算是列席了一下诸侯的聚会，接下来如果不是曹操的力挺，便不会有关羽的温酒斩华雄以及后面的三英战吕布。而那位袁公路在关羽斩了华雄之后的表现，只能用"可笑"二字形容：

曹操曰："得功者赏，何计贵贱呼？"袁术曰："既然公等只重一县令，我当告退。"（《三国演义》第五回）

由此便清楚地看出曹操、袁绍 、袁术看待天下英雄的态度了。直到三英战吕布，实际上刘备已经露出了些"英雄的范儿"，但诸侯们并不买账，反倒是一个"帝室之胄"的虚名，可以在袁绍那里轻松混得一席之地。这也就决定了袁绍的宿命，本初，就是本初，既不是董卓，更非孟德。而曹操正是抓住了袁绍的这一弱点，最终打败了他，这是后话。以上是曹操与刘备的初遇，由此形成刘备的重大转机。而真正的大机会，来自陶谦的三让徐州。为什么陶谦会三让徐州？还不是因为刘备仅一封信便为陶谦退去了敌兵。什么时候，刘备变得这么有面子了？是谁仅凭一封信便送了刘玄德如此大的人情？又正是那个曹操。当然，按照《三国演义》的说法，这个人情仍旧来自于"碰巧"，"碰巧"吕布攻打曹操的后方兖州，才使得曹操不得不给了刘备这个充当英雄的机会。无数的"碰巧"，反复发生在这两个人身上，你信吗？反正我信了。

刘备平白得了徐州，却守不住，最终便宜了吕布，还丢了自己的家小，又是谁"帮刘备"打败吕布，夺回家小？前面已经提到过，却又正是这个曹操。

此时的曹操已经非同小可，他已经是挟天子以令诸侯的大汉丞相了，而他对待刘备却仍旧那样的“够意思”，不仅推荐刘备为左将军，礼之愈重，而且出则同舆，坐则同席。这里值得一提的是，《三国志》明确讲是曹操“表先主为左将军”，而在《三国演义》中，则变成了汉献帝“遂拜玄德为左将军、宜城亭侯”，还叙了“叔侄之礼”。这一点其实很不正常，即便是刘备姓刘，即便是他看似与帝室沾亲，可这个与曹操“出则同舆，坐则同席”的宗室，如果不是曹操的意思，汉献帝主动把他推到“皇叔”的位置上，对自己又能有什么好处呢？更何况，曹操这个“实际控制人”不点头，汉献帝一个连自己的皇后都保不住的皇帝，又有什么能力封出一个“皇叔”来呢？

而曹操当时对刘备的器重，几乎表现在了各个方面，就连如何处理那个“人中吕布”，也甚尊重刘备的意见，为了给玄德公出一口恶气，竟然杀掉了这个天下无敌的大将！其实细想起来，不过就是给刘备一个面子，从曹操此后的表现来看，哪个咬过旧主一次的在曹操这里逃得活命了，更何况连杀两个干爹的三姓家奴？

我们重点要分析的是，如果我们从另一个角度来看，刘备在对吕布和张辽两个人的处理意见上，充分表现了与曹操的“英雄所见略同”，如果是有异心，而不是真心投靠，会如此替曹操着想吗？

《后汉书·吕布传》对这部分内容的记载是这样的：

布见操曰：“今日已往，天下定矣。”操曰：“何以言之？”布曰：“明公之所患不过于布，今已服矣。令布将骑，明公将步，天下不足定也。”顾谓刘备曰：“玄德，卿为坐上客，我为降虏，绳缚我急，独不可一言邪？”操笑曰：“缚虎不得不急。”乃令缓布缚。刘备曰：“不可。明公不见吕布事丁建阳、董太师乎？”操颔之。

《三国演义》中这部分情节的描写，显然不是来自《三国志》，而基本上忠于《后汉书》的记载，唯一的调整便是把刘备主动阻止给吕布“缓缚”，并主动对曹操进言，改为“操回顾玄德曰：‘何如？’玄德答曰：‘公不见丁建阳、董卓之事乎？’”（《三国演义》）这两者差别很大，因为如果是曹操问及，还可以讲是刘备怕曹操起疑，不敢不实言相告，但如果是主动提醒曹操，以刘备的城府，如果不是极度忠心，或是感激曹操，一心只想成为曹丞相手下一员大将，会主动去抖机灵，提醒曹操这个吗？

更何况，曹操谋臣无数，有这个见识的，也怕不过几人而已，即使是曹操问及，你刘备如果无意屈居人下，有辕门射戟的往事在那里，你就算是给吕布讲情了，曹操又会疑你多少？难怪罗贯中最终仍觉得无法自圆其说，于是在《三国演义》中也不得不提出这样的疑问：

伤人饿虎缚休宽，董卓丁原血未干。玄德既知能啖父，争如留取害曹瞒？

这算是给后人找出真相的一点线索吧？世人皆认为吕布之死证明了刘备"枭雄"的一面，而我认为，这恰恰证明了刘备"厚道"的一面。刘备当时为什么会如此厚道呢？显然当时的刘备并没有动与曹公争雄之心，只要是曹操不赶他走，他刘备只怕就会像荀彧那样，终生把曹操当作大汉丞相来辅佐了。

这也就从侧面证明了《三国志》的说法，刘备的争雄之心，是后来"青梅煮酒"时被曹操吓出来的！刘备最终没有被曹操收为己用，并非是刘备不愿，而是曹操不肯。显然，如果不是后来曹操不停地折腾他，或许刘、关、张真的能够成为曹操手下的大将呢。而曹操居然不仅置如此之大的利益于不顾，不仅费尽心机把刘备培养成为一个"英雄"、"手握皇帝诏书的皇叔"，之后竟然是把他挤对成自己最主要的竞争对手？常人皆知多一员大将好过少一员大将；少一个竞争对手，好过多一个竞争对手，难道这个曹操竟然是个傻瓜？或者是疯了不成？

也或许曹丞相，并非是那种"常人"吧？

(五)刘备与曹操的竞争

的确，从刘皇叔后来的表现来看，他似乎成为曹丞相的一大竞争对手，很有点阻碍曹丞相统一天下的嫌疑。但如果仔细分析，没有刘皇叔的竞争，曹操能统一天下吗？只怕未必。这一点，我们可以从后来诸葛亮的《隆中对》中得到佐证：

自董卓以来，豪杰并起，跨州联郡者不可胜数。曹操比于袁绍，则名微而众寡，然操遂能克绍，以弱为强者，非惟天时，抑亦人谋也。今操已拥百万之众，挟天子而令诸侯，此诚不可与争锋。孙权据有江东，已历三世，国险而民附，贤能为之用，此可以为援而不可图也。

我们一句句地看：

"自董卓以来，豪杰并起，跨州联郡者不可胜数"，什么意思？市场太大了，市场参与者太多了，一时间，谁都无法拿到垄断份额，更不要说一统天下了！

"曹操比于袁绍，则名微而众寡，然操遂能克绍，以弱为强者，非惟天时，抑亦人谋也。"当初实力最强的袁氏兄弟，终究输在人心所向上。

"今操已拥百万之众，挟天子而令诸侯，此诚不可与争锋。""不可与争锋"的原因不仅在于"拥百万之众"，更在于"挟天子而令诸侯"，这才是此时的曹操与当初的袁绍间最本质的区别，也就是前面所说的人心所向的根源。否则人家"四世三公"，你曹操出身低下，群众如何会支持你？还不是因为你手里有汉献帝这张"牌"？除了这张"牌"外，你当初的地盘可比人家小多了！也就是说，曹操取得今天的成绩，得益于其所挟之天子，且不仅到了三顾茅庐的时候，甚至应该说，曹操至死，没有能力丢掉这张"王牌"。

就拿那个荀彧来说，堪称曹操的"顶梁柱"了。荀彧自小被世人称作"王佐之才"(《三国志·魏书·荀彧传》)。作为曹操统一北方的首席谋臣和功臣，荀彧在战略上为曹操制定并规划了统一北方的蓝图和军事路线，曾多次修正曹操的战略方针而得到曹操的赞赏；战术方面曾面对吕布叛乱而保全兖州三城，奇谋扼袁绍于官渡，献出宛、叶而间行轻进以掩其不意奇袭荆州等诸多建树；政治方面为曹操举荐了钟繇、荀攸、陈群、杜袭、司马懿、郭嘉等大量人才。荀彧建计、密谋、匡弼、举人多有建树，被曹操称为"吾之子房"(《三国志·魏书·荀彧传》)。说荀彧是曹操的张良，其实一点都不为过。司马懿就曾经说过："书传远事，吾自耳目所从闻见，逮百数十年间，贤才未有及荀令君

者也。”(《彧别传》)

而荀彧这样的举足轻重的人物，他所忠于的究竟是你曹操，还是“大汉”呢？

曹操晚年欲晋爵国公、加封九锡(九锡是古代帝王对大臣的九种赏赐，有车马、衣服、乐器、武士、弓矢等，这是对大臣的最高礼遇，而后来却逐渐演变为废帝自立的前奏)。荀彧马上表示：“(曹操)本兴义兵以匡朝宁国，秉忠贞之诚，守退让之实；君子爱人以德，不宜如此。”(《三国志·魏书·荀彧传》)

曹操已经苦心经营了那么多年，所谓加九锡，本就是试探，不想却是这样的结果。连他最得力的亲信荀彧都马上告诉他，你的本分是“匡朝宁国”，而不是改朝换代。可想而知，早在“煮酒”之时，曹操何来垄断市场的实力？如果当时袁氏兄弟另立新君，也打起“匡朝宁国”的旗号，而不是鬼迷心窍一心想自立的话，用四世三公所立之君 PK 逆贼董卓所立、出身低下的曹操为实际控制人的汉献帝，曹丞相手中的这张“王牌”立刻就会贬值，到时只怕胜负之数，就说不定了。更何况，不仅袁氏兄弟，像孙策、张绣、张鲁、韩遂这样的地方势力，还有刘表、刘璋这样的汉室宗亲，如果一人立一个新君，都在那里“匡朝宁国”，只怕“国”就永无宁日了，后汉也就不是三国，而是春秋战国了。你曹操的竞争力，还能剩下几何呢？

而诸葛亮正是清楚地看到了这一点，曹丞相尽管很强势，但暂时还没有能力拿到绝对垄断的市场份额，这就是机会。那么以奸雄著称的曹丞相又何尝会看不到这一点呢？所以，既然确定无法获得全部的市场份额，甚至无法拿到大部分份额，那么把自己暂时拿不到的市场份额究竟分散到什么人手中对自己最有利，就是一个很值得考虑的问题了。

董卓、袁术之流的愚蠢，便在于他们认为“黄巾”一过，天下大乱，汉室势微，他们便可以胡作非为了，最终必然落得个可耻、可悲的下场。曹操与董卓、袁术那样的蠢货所不同的，便是时机不成熟，绝不蛮干；而他与袁绍所不同的是，不蛮干，不等于什么都不干。既然没能力立个皇帝，就抢个皇帝过来；而尽管皇帝人人可立，立个献帝皇叔出来，却是曹丞相的专利，别人想学也学不来的，于是，刘皇叔出场了。

曹操不遗余力地扶植了一个竞争对手，但看一下刘备拿下的那些地盘，哪块儿是曹操的？相反，这些曹丞相鞭长莫及的市场份额如果不是被刘备所得，而是被四世三公的袁氏兄弟拿了，那还有出身低下的曹丞相什么事儿呢？留给被诸葛亮称之为“据有江东，已历三世，国险而民附，贤能为之用，此可以为援而不可图也”的孙权吗？那样一旦南北对峙局面形成，双方势均力敌，曹丞相就真的只能寄希望于“生子当如孙仲谋”了。于是，如果此时有人跳出来，从自己的竞争对手手中抢去部分市场份额，曹丞相当然是很乐于支持他一下的。因而，可以看出，在暂时谁都没有能力统一天下的情况下，“三分天下”不仅是刘备，同时也是曹操比较理想的一个局面。

（六）回到煮酒论英雄

退回煮酒论英雄的那个时点上，“名微而众寡”的曹丞相与他自称并不看好的四世三公的袁氏兄弟，甚至是刘表、刘璋相比，可以讲出身、社会地位、人脉资源都相去甚远，唯一的优势就是手里有一个汉献帝。但你要注意，这个汉献帝的合法地位能否被大众接受是存在问题的，首先他是逆贼董卓废了汉少帝所立，最要命的是，当时曹操最主要的竞争对手袁绍，一直就在承认汉献帝与不承认汉献帝之间徘徊。一旦要是与曹操闹翻了，随时可能立出一个新君来。而当时，黄巾四起，天下大乱，群雄分立，少帝被废后不久被董卓所杀，此时最有实力再行废立之事的却恰恰是这位四世三公的袁本初！而且袁绍另立新君，并不是完全没有考虑过。

当初董卓立献帝时，唯一征求意见的便是这个袁绍，证明当时只有四世三公的袁氏才有这个废立的实力（有废立的实力，不等于说也有自立的实力，这就是袁氏兄弟的愚蠢之处）。

“董卓呼绍，议欲废帝，立陈留王。”（《三国志》）

袁绍也真就没给面子，于是闹翻了，单骑出奔，很快就凭他四世三公的号召力，聚起人马，获得了大块地盘。

到了各路诸侯讨董卓的时候，袁绍更是成了当然的盟主，其间便曾动过另立幽州牧刘虞为帝的念头，由于袁术、曹操等人的坚决反对（当然要反对了），才暂时作罢。

后来董卓派人给袁绍送去汉献帝的诏书，袁绍竟然干脆让人把使者杀了。

所以再后来，汉献帝从董卓那儿逃出来，虽然最有迎驾条件的正是袁绍，但袁绍很犹豫。袁绍犹豫很重要的一个原因就是，此前，这么没有给这位皇帝面子，现在想不好，要不要承认这个由逆贼董卓立的皇帝。他的犹豫，正是因为他有另立的实力。然而正如曹操所说，此人“色厉胆薄，好谋无断；干大事而惜身，见小利而忘命”。自立是死路一条。所以，要么另立，要么迎立，这样的“大事”，哪里容得你反复犹豫？想吃，又怕烫？

结果让曹操占了这个先。曹操之所以毫不犹豫，而是主动抢汉献帝过来，也正是因为他很清楚，自己没有废立之能，如果你曹操立，袁绍便不会再犹豫。

曹操以汉献帝的名义加封袁绍为邺侯，袁绍还是没有接受。可以这样讲，暂时没有再提另立新君，只是看在与你曹操过去的情分上，至于将来撕破脸之后会怎样？曹操心里会不清楚吗？而一旦袁绍另立新君，以其四世三公的号召力，逆贼董卓所立，曹操为实际控制人的汉献帝的公信力立刻就会受到挑战。一旦曹操手中的这张“王牌”大为贬值，曹操与袁绍间的实力差距就会一下子被拉大。更有甚者，万一搞得天下诸侯一人手里有一个皇帝，还能留给你“名微而众寡”的曹孟德多少市场份额呢？

而刘皇叔无论将来怎么“英雄”，他至少会知道，他的这个“皇叔”本源在哪里，汉献帝存在一天，他就得全力维护，所以天下绝不会动另立念头的，只有这位刘皇叔。而维护了汉献帝，必然也就被动地起到了维护汉献帝“实际控制人”曹丞相的作用。甚至曹丞相有失，刘皇叔地位便可能不保。因此曹操、刘备心里都清楚，没有了汉献帝这块金字招牌，单靠自己打天下，自己便优势全无了。从这个角度讲,刘备与曹操仍旧是“自己人”,是一荣俱荣,一损俱损的关系。这一点,从华容道上刘备的处理来看,他也是心知肚明的。当然主流仍旧可以讲,是“碰巧”,“碰巧”刘备派去截杀曹贼的正是那个义薄云天的关羽,于是曹操侥幸得脱。应该说刘备的“英雄”主要体现在识人上,平生极少看错人,而对那个接触不多的马谡的几句简短评价,足以看出此人识人的眼是多么的“毒”,如何会偏偏看错自己结拜的二弟呢?其实道理很简单,曹丞相完了,刘备的这个皇叔还值几个钱呢?

回过头来再看曹操的青梅煮酒之言,尽管他可能的确很赏识刘备,尽管他可能觉得刘备是个“英雄”,但他真正害怕的,却正是那位“非英雄”的袁本初!如果让曹操选择竞争对手,他宁可选刘备,也绝不愿意选择处处都可以压曹操一头的袁绍!这就是真相。这可能也得算是曹操“在战略上藐视敌人,在战术上重视敌人”吧!所以他才会不遗余力地炒作“刘英雄”,当发现“刘英雄”很有点在许都养老的架势时,没别的,先是借喝酒吓你一下,然后派你带兵出去,之后把你的后路断了。而刘备此时还做着在徐州当他的皇叔的白日梦,结果曹操放下手里的所有工作,一个照面儿,就把刘备赶到袁绍那儿去了。

(七)刘备对袁绍等诸侯的打击

为什么非要急着把刘皇叔赶到袁绍那去?因为这个时候,曹操急需这样一个人加入游戏中来了。这个人与自己相比,存在明显劣势,甚至比自己的劣势(出身不好)还要劣很多,最好是个卖草鞋的出身;但他与袁本初等高高在上的世家子弟相比,又有极大的优势,比如说是帝室之胄(袁绍吃这套),最好是个皇叔。而曹操之所以很卖力气地炒作刘皇叔的“英雄范儿”,原因就更简单了。皇叔是汉献帝的“衍生品”,没有汉献帝,哪里来的“皇叔”之说?而那个年头,皇帝谁都可以立,属无序竞争,但是汉献帝的衍生品,曹丞相是有垄断能力的。特别是那个所谓的“衣带诏”后来被炒作得什么似的,怎么就没人想一想，那个时候，献帝诏书的发行权都在曹操手中，曹丞相只要打开印刷机，想印多少，印什么内容，有人想要，可以按批发价给你！

所以说，炒作刘皇叔，炒作衣带诏，就是炒作汉献帝。袁绍只要是沿着敌人的敌人便是朋友这样常人的思路去考虑问题，就一定会中计。

按照《三国志》的说法，建安五年（公元 200 年）正月，董承等谋泄，皆伏诛。曹操决定亲自东征刘备，虽然曹军中将领都认为袁绍才是大敌，但曹操却觉得刘备是人杰，必要先行讨伐，刘备战败，北投袁绍。

其实诸将哪里知道，正是因为袁绍才是大敌，所以必须要先讨伐刘备。只有刘备投靠了袁绍，曹操才可能打败袁绍。

据易中天讲，刘备当时想都没想过曹操在这个时候会有工夫跑过来打他，这也太看得起他刘玄德了。手下人来报说是曹操来了，刘备说："不可能，这时候，只有袁绍才会被曹操放在眼里，他哪里会看得上我？"可是远远地看到曹操的旌旗，别说打，连家都没顾上回，家小都不要了，这位"人杰"就直接从后门跑了。

在这个环节上，可以说袁绍没有借机攻打曹操，是无能的表现，但站在袁绍的立场上，以常人的观点，他也的确是想不明白，这个跟自己从小玩到大的曹阿瞒，如何竟然会在这样的一个关键时刻，将自己置之不理，而去打那个"刘皇叔"？莫非这个"刘皇叔"真的如此了得？还是曹阿瞒设的什么圈套骗我去进攻？

结果刘备战败，投奔袁绍。袁绍果然中计，出城 200 里相迎，这和讨董卓时的态度对比，已经是一天一地了，除了因为刘备此时头上多了一块"大汉皇叔"的金字招牌外，他已经被曹操将其炒作为"刘英雄"了。而放着另立新君的实力犹豫不决，一会儿想着捡袁术送来的便宜皇帝，这会儿却又去捡这个送上门来的"皇叔""衣带诏"，这就是曹操所说的，"干大事而惜身，见小利而忘命"。因为你只要承认了刘皇叔，承认了衣带诏，便等于是承认了汉献帝。于是刘皇叔被炒得越高，汉献帝就越值钱；汉献帝越值钱，作为汉献帝"实际控制人"曹丞相的地位也就越高，你袁绍就越不值钱。而卖草鞋出身的皇叔是对出身不好的丞相最好的“分谤”，敌对阵营中再有人说起“出身”问题，便要投鼠忌器，于是，“英雄不问出身”便很容易达成共识。谁会吃亏呢？当然仍旧是四世三公的袁本初。相反，如果把刘备留在曹操身边，只会引来“蛇鼠一窝”的考评。既然留在身边看起来很可能会是“蛇”，放出去，却很像是件“器”，可以为曹丞相这只“过街老鼠”抵挡无数枪林弹雨，那当然应该放他出去。

更何况，这样做的直接后果，便是使刘备分化了袁绍的支持者，并使得袁绍出师无名了。陈琳的《为袁绍檄豫州文》或许有些文学价值，但写来写去，无非是说曹操出身低下，且品行不端，但无论曹操出身多么低下，品行如何不端，只要坐实了汉献帝的合法地位，曹操的“大汉丞相”就是合法的，你袁绍所攻击的，就是王师，就是大汉的王权，就是你袁绍以下犯上。大汉朝毕竟百足之虫，坐实这一点，袁绍便已经输了！

如果用现代营销眼光去看这个问题，当时的市场可以分为汉献帝的支持者与反对者(以袁绍为代表的各路诸侯势力)；而汉献帝的支持者中，又可以分为支持曹丞相的与反对曹丞相的；以袁绍为代表的汉献帝的反对者都是曹丞相的竞争对手，其实力远非许都的势力范围可比。许都的护城河不可谓不深，但支持汉献帝的曹派，只要是离了许都 ，天下之大，便再无立锥之地。以曹丞相当时的“奸名”远播，无论他是对是错，天下人都会争相群起而攻之。显然曹丞相离垄断市场相去甚远。相反，支持汉献帝的非曹派则有所不同。以刘皇叔为例，如果放在曹丞相身边，则很有可能成为曹丞相的反对者，而应当被消灭；相反，如果把他放出许都，然后大张旗鼓地吹捧他，那些看广告选择立场的人，就会转入刘皇叔的支持阵营，这必然会有力地起到分化汉献帝反对者的作用，拓展汉献帝支持者的市场份额，从而削弱各路诸侯的势力。而天下之人，一旦从抵触与抗拒汉献帝的立场上转变过来，则仍旧会分化为曹丞相的反对者与支持者。即使这部分市场最终大部分演变为了刘皇叔的支持者，只有少部分变了曹丞相的支持者，曹丞相与刘皇叔一样，也都是赢家。市场格局也会由“宦官之后”与“四世三公”的 PK，演变为“汉献帝实际控制人”与“汉献帝皇叔”之间的PK。显然，尽管刘备看似是凭空获得了戏码，捡了一个大便宜，但曹操也由劣势转为了优势。至于袁绍，却已经出局了。而其他诸侯，再没有人敢于再起另立新君之议。对曹操而言，这个利益，又哪里是收刘备一员大将，或收回“皇叔”称号比得了的呢？

于是，原本属于各路诸侯的市场份额，最终被曹操、刘备所瓜分。曹丞相何乐而不为呢？如果看到别人占了便宜，便认为是自己吃了亏，那也就没有资格称为“乱世之奸雄了”。如果曹操“据理力争”，想让汉献帝废去刘备的皇叔之尊，那岂不是再简单不过的一件事？一纸诏书，告知天下即可。合理、合法，刘皇叔想投诉都没地儿去。曹操为什么没有那么做呢？显然，如果所谓据“理”力争来的不是“利益”，曹丞相是没有兴趣的。

然而，正是曹操的这一决策，使刘备的命运由此而改变巨大。正是刘备成为皇叔的那时起，他自己或许还并不知道，他就已经不可能以曹操手下大将的身份参与这场游戏了，接下来，他所唯一能做的，就是成为汉献帝的义务广告宣传员，去度过他与曹丞相一荣俱荣一损俱损的生涯。从事后来看，刘备确实没有让曹丞相失望，这位刘皇叔的“造势”能力，远非曹操可比，迅速便粉丝如云，各地方势力的支持者，纷纷在这位皇叔的感召下，加入支持献帝的行列，于是，袁绍、刘表、刘璋、张鲁等，先后土崩瓦解。至于说到刘皇叔对曹操的竞争力？像刘备那个规格的皇叔，一个下午曹操就能封出几十个来。据说中山靖王光儿子就生了一百二十多个，大汉朝最不缺的就是“中山靖王之后”。点石成金是曹丞相的专利，只点一个，是怕点多了，贬值，而不是缺少“石头”。后来的事实也证明，他与曹操间的竞争是有限的(在华容道甚至还放了曹操一马)，但他对各诸侯势力的杀伤力却是巨大的。

在这个环节中，曹操与刘备都是胜出者。至于谁会是最终的胜利者？那就只能取决于下一代的教育了。这就不是本文要讨论的范畴了。

（写于2012年8月2日）

评《漫游的感想·麻将》

有好友从国外漫游归来,仰慕洋人们悠闲生活之余,大骂国人的苦逼般的境况。使我想起近年来,屡有类似"中国人的勤奋,压迫了世界人民正常生活"的言论。似乎这一切都是国人自身劣根性所致,又似乎中华民族只有跟洋大人们"接了鬼"才能成为一个"长进"的民族。这不禁使我想起胡适先生的一篇旧文《漫游的感想·麻将》,重读后,难免感叹:"在这些精英阶层眼中,中国的老百姓,究竟怎样?才能符合他们的标准,才不算是为害世界呢?"

1927年,胡适先生描写了一个"勤劳奋斗"的世界与一个"好闲爱荡"的中国。这篇《漫游的感想·麻将》将中国人的"丑陋"描写得淋漓尽致,笔下一个"好闲爱荡,不爱惜光阴的'精神文明'的中华民族"跃然纸上,一句"只有咱们这种不长进的民族以'闲'为幸福,以'消闲'为急务"将国人骂得狗血淋头。而不过是国人用于消遣的"麻将",更是被与鸦片并列,成了可以令任何国家亡国灭种的杀器。如此种种,不一而足。幸好胡适先生似乎并不了解1927年,欧美已经开始了历时十余年的大萧条,否则我想他一定会说,这都是中国人的麻将,闯的祸!

《漫游的感想·麻将》原文如下:

前几年,麻将牌忽然行到海外,成为出口货的一宗。欧洲与美洲的社会里,很有许多人学打麻将的;后来日本也传染到了。有一个时期,麻将竟成了西洋社会里最时髦的一种游戏:俱乐部里差不多桌桌都是麻将;书店里出了许多种研究麻将的小册子,中国留学生没有钱的可以靠教麻将吃饭挣钱。欧美人竟发了麻将狂热了。

谁也梦想不到东方文明征服西洋的先锋队却是那一百三十六个麻将军!

这回我从西伯利亚到欧洲，从欧洲到美洲，从美洲到日本，十个月之中，只有一次在日本京都的一个俱乐部里看见有人打麻将牌。在欧美简直看不见麻将了。我曾问过欧洲和美国的朋友，他们说："妇女俱乐部里，偶然还可以看见一桌两桌打麻将的，但那是很少的事了。"我在美国人家里，也常看见麻将牌的盒子——雕刻装潢很精致的——陈列在室内，有时一家竟有两三副的。但从不见主人主妇谈起麻将；他们从不向我这位麻将国的代表请教此中的玄妙！麻将在西洋已成了架上的古玩了；麻将的狂热已退凉了。

我问一个美国朋友，为什么麻将的狂热过去得这么快？他说："女太太们喜欢麻将，男子们却都反对，终于是男子们战胜了。"

这是我们臆想得到的。西洋勤劳奋斗的民族绝不会做麻将的信徒，绝不会受麻将的征服。麻将只是我们这些好闲爱荡，不爱惜光阴的"精神文明"的中华民族的专利品。

当明朝晚年，民间盛行一种纸牌，名为"马吊"。马吊只有四十张牌，有一文至九文，一千至九千，一万至九万等，等于麻将牌的筒子、索子、万子。还有一张"零"，即"白板"的祖宗。还有一张"千万"，即徽州纸牌的"千万"。马吊牌上每张上画有《水浒传》的人物。徽州纸牌上的"王英"即矮脚虎王英的遗迹。乾隆、嘉庆间人汪师韩的全集里收有几种名人的马吊牌。

马吊在当日风行一时，士大夫整日整夜地打马吊，把正事都荒废了。所以明亡之后，吴梅村《绥寇纪略》说，明之亡是亡于马吊。

三百年来，四十张的马吊逐渐演变，变成每样五张的纸牌，近七八十年中又变为每样四张的麻将牌(马吊三人对一人，故名"马吊脚"，省称"马吊"；"麻将"为"麻雀"的音变，"麻雀"为"马脚"的音变)。越变越繁复巧妙了，所以更能迷惑人心，使有的人，无论富贵贫贱，不分日夜寒暑，把精力和光阴葬送在这一百三十六张牌上。

英国的"国戏"是 Cricket，美国的国戏是 Baseball，日本的国戏是角抵，中国呢？中国的国戏是麻将。

麻将平均每四圈费时约两点钟。少说一点，全国每日只有 100 万桌麻将，每桌只打八圈，就得费 400 万点钟，就是损失 16.7 万日的光阴，金钱的输赢，精力的消磨，都还在外。

我们走遍世界，可曾看见哪一个长进的民族，文明的国家，肯这样荒时废夜的吗？一个留学日本的朋友对我说："日本人的勤苦真不可及！到了晚上，登高一望，家家板屋里都是灯光；灯光之下，不是少年人跪着读书，便是老人跪着翻书，或是老妇人跪着做活计。到了天明，满街上，满电车上都是上学去的儿童。单只这一点勤苦就可以征服我们了。"

其实何止日本？凡是长进的民族都是这样的。只有咱们这种不长进的民族以"闲"为幸福，以"消闲"为急务，男人以打麻将为消闲，女人以打麻将为家常，老太婆以打麻将为下半生的大事业！

从前革新家说中国有三害：鸦片、八股、小脚。鸦片虽然没禁绝，总算是犯法的了。虽然还有做"洋八股"与更时髦的"党八股"的，但八股的四书文是过去的了。小脚也差不多没有了。只有这第三害麻将，还是日欣月盛，没有一点衰竭的样子，没有人说他是可以亡国的大害。新近麻将先生居然大摇大摆地跑到西洋去招摇一次，几乎作了鸦片与杨梅疮的还敬礼物。但如今他仍旧缩回来了，仍旧回来作东方精神文明的国家的国粹、国戏！

（写于 2012 年 8 月 22 日）

《少年π的奇幻漂流》你真的看懂了吗?

这部电影好像很容易看懂。说的就是一个“吃人”的故事呗!

不错,它说的确实是一个“吃人的故事”。但究竟是谁在“吃人”呢？你看懂了吗?

想要真正看懂这个片子,首先要从这个“π”说起。理解了这个“π”之后,你才会发现,这个片子,其实你是没看懂的。

我百度了一下这个“π”。百度百科里是这样介绍它的:“是一个在数学及物理学领域普遍存在的数学常数。大写Π,小写π(英语名称:Pi,汉语名称:派),是第十六个希腊字母。(代表)数学常数圆周率,圆周率是指平面上圆的周长与直径之比。”

π是一个常数,但却是一个很不普通的常数,它就是那个线段,与圆圈之间的逻辑关系,换句话说,就是可以把直的变为一个圈的那个数。

它是无限不循环的,是一个“无理数”。也就是说,它是一个不需要讲道理的数。无限？还不循环？难道可以长到天上去?

据说“无理数”最早由毕达哥拉斯学派弟子希伯斯发现。他发现存在这样的数,没有任何整数或分数与之相对应,它是可以无限不循环的。而毕达哥拉斯学派却深信:宇宙间各种关系都可以用整数或整数之比来表达,只要是“数”,怎么可能无限？还不循环呢？“数,是不会长到天上去的”这是不容置疑的信仰。所以,不需要证明究竟是哪个分数与之如何相对应(只要信仰冥冥中必然有那么一个整数或分数就可以了)。相反,希伯斯如果想证明“确实没有”,就必须逐一排除所有可能与之相对应的整数或分数,记住,是所有。

但是,希伯斯的发现,还是动摇了这个学派的信仰,为此引起了他们的恐慌。为了维护其信仰,他们严密封锁希伯斯的发现,如果有人胆敢泄露出去,就处以极刑——活埋。可惜,它还是被泄露了出去,这个背叛“数长不到天上去”信仰的人,正是希伯斯本人!这还了得!毕达哥拉斯学派的忠实信徒们按照规矩,要活埋希伯斯。“其罪名等同于‘渎神’”,希伯斯听到风声后逃跑了。

希伯斯在国外流浪了好几年,由于思念家乡,他偷偷地返回希腊。在地中海的一条海船上,毕达哥拉斯的忠实信徒们发现了希伯斯,他们残忍地将希伯斯扔进了地中海……

李安之所以用“π”这个最著名的无理数作为主人公的名字,并安排他同时信仰了三种宗教,其实就是暗示,你的名字和宗教信仰,从根本上就已经是对信仰的一种挑战,除非你把所有罪孽都推给那个并不存在的老虎,否则,上帝的子民是不会放过你的。而上帝的子民,看起来都是很愿意相信老虎的存在的(至少李安的片子里,给人这个感觉,你相信哪一个故事?那么你……)。你想生存下来吗?那你首先去找一只老虎吧!

当π听说全家即将移民美洲时,他父亲说,“我们将像哥伦布一样远航”,他脱口而出的是“可哥伦布不就是要寻找印度吗”这种口吻立即拉近了他与观众们的距离,但同时也提醒了观众,注意一个问题:东方文化,是不具备侵略性的,与哥伦布的那种殖民行为相对比,预示着π此次的旅途难以顺利。素食动物们难道也可以逆袭吗?难道他们不是命中注定的“咖喱人”吗?

一个人同时有三种宗教信仰,便等于是没有信仰。我想这个道理并不难明白。但少年π的生长环境的特殊性,却又使他在东西方文化的撞击中,无法取舍,于是便自称,同时信仰了三个宗教。然而,这丝毫也改变不了仍被看作“咖喱人”的命运。况且,“π”(无理数)这个名字,本身就代表着对真相的追求与信仰的冲突,于是,不知道哪个被他激怒的神灵将其抛入了大海之中。

后来,躺在水中的毗湿奴的化身,为π提供了可以栖身的小岛。岛上阳光灿烂,物产丰富。狐獴,这种本应生长于沙漠中的动物,被李安大量移民到了这个海岛上,为π的心中之虎提供了丰裕的食物。于是,π将女友送的手绳绑在树上，看样子是打算终老于此了。可是随之，π却发现，当黑夜来临时，躺在海里的毗湿奴可以将π的“心中之虎”吓得逃离小岛，但小岛也并没有能力保护自己的信徒。而当π看到前人被莲花“吃”得只剩下一颗牙齿的时候，他才发现，原来小岛也是吃人的。或者说，他发现，自己原本是不具有“佛性”的，π并不真的有把臭皮囊奉献给莲花的信仰。于是，他决定逃跑，去寻找自己的另一个信仰。但当他面对上帝的信徒时，却无法解释他的同伴的去向——被吃掉了。

人，只可能被老虎吃掉，难道还能被同伴吃掉吗？这又是信仰差异的问题。同样是“吃人”，不同信仰之下，解读，或许是完全不同的。与信仰相比，此时“真相”已经并不重要了。所以，既然决定信仰上帝，便不再需要证明老虎的存在，以及老虎是如何吃掉自己的同伴的，只需要信仰冥冥中必然有那么一只老虎就可以了。谁家里还会不养几只老虎呢？于是，π选择没有做希伯斯。

既然那么多人信仰“数是长不到天上去的”，π就不必再为究竟是3.14还是3.3，或者是2.8而苦恼。只要坚信，冥冥之中，确实有那么一个长不到天上去的数就可以了。于是，银幕上，我们看到了一只“孟加拉虎”……

但是，这样漏洞百出的故事，真的会有人相信吗？显然不会。所以保险调查员，当时就提出了他的疑问，声称，人们不会相信香蕉会浮在海面上，此外，除非你能找到那只老虎，否则你凭什么要求别人相信你呢？所以他们要求π讲出实情。

可是，当π讲出了那个真实的故事时：老虎，是不存在的；人，是被人吃掉的；香蕉，仍旧是可以浮在海面上的……结果却是，保险调查员和后来的那个记者都选择了宁可相信那个有老虎的故事，否则这个世界，除了黑暗与凶残之外，让我们还能有什么信仰呢？由此，大家不再要求π提供有关老虎的证据。

我试了一下，别说是海水，即使是我家的洗脸盆，香蕉也是会浮在上面的。保险调查员对香蕉的质疑，不过是出于对这个漏洞百出的老虎的故事的一种本能的反应，但“老虎可以吃人，人不可以吃人”，是一种信仰，当人们用信仰去判断事情的真相时，香蕉已经不再重要了。甚至能否找到那只老虎，也已经不再重要。自始至终，也没有见到保险调查员去做过这个简单得不能再简单的实验(把香蕉放到水中看一眼)，由质疑，到相信，这种态度的改变，其实与香蕉是毫无关系的。人们只是简单地选择与自己信仰相一致的东西，从而对不一致的东西视而不见。当初保险调查员以香蕉不能浮在海上作为反驳故事的真实性的理由，便是不负责任的，他是在诱导自己和观众们忽视，证明那只老虎是否存在的证据，才是证明故事真实性的关键。而后面他放弃这一反驳时，同样的不负责任。最终，仅仅是共同的信仰使他们决定，相信了少年 π，相信老虎确实存在。

信仰的力量确实是强大的。当信仰与真相背道而驰时，你究竟选择哪个呢？那个 π 最终做出了自己的选择。在绘声绘色地描述那只杀人虎的同时，离他远去的却是那只“心中之虎”。

“然后，那个让我生存下来的理查德·帕克，那个让我痛苦、使我害怕的凶狠的伙伴，径直向前走没有回头，永远消失在我的生命里。”“我像个孩子一样哭起来，不是因为我对自己历经磨难却生存下来而感到激动，虽然我的确感到激动。也不是因为我的兄弟姐妹就在我面前，虽然这也令我非常感动。我哭是因为理查德·帕克如此随便地离开了我。”

看来故事已经结束，但我的胡思乱想却仍在继续。难道西方的文明与信仰不相信人是会吃人的？而“‘精神文明’的中华民族，咱们这种不长进的民族”(胡适语)却似乎有所不同。看看鲁迅先生是如何谈论“吃人”的吧：

凡事总须研究，才会明白。古来时常吃人，我也还记得，可是不甚清楚。我翻开历史一查，这历史没有年代，歪歪斜斜的每页上都写着“仁义道德”几个字。我横竖睡不着，仔细看了半夜，才从字缝里看出字来，满本都写着两个字是“吃人”！(《狂人日记》)

“仁义道德”？这不就是中国人所提倡的“圣人”之道吗？不就是中国人的信仰吗？不正是“仁义道德”吓退了中国人的“心中之虎”吗？难道圣人也

吃人？难道“仁义道德”就是那个白天阳光灿烂，到了夜晚，老虎也不敢停留的小岛？就是最终将人侵蚀得只剩下一颗伶牙俐齿的莲花？当我们被吓退“心中之虎”之后，我们真的便安全了吗？

中国人从小受的就是“仁义道德”的教育，从小就像π一样，会被告知，老虎是会吃人的。难道，如今看来，吃人的反而并不是老虎？而是“仁义道德”？

凯恩斯说过这样一段话：

那么我敢预言，说这种思想在未来不会有多大“杀伤力”一定是错误的。在现在这个时候，一般人都渴望有一个更基本的诊断。非常肯接受，而且只要说得入情入理，很热心要试试。即使撇开此种当代情绪不谈，经济学家以及政治哲学家之思想，其力量之大，往往出乎常人意料。事实上统治世界者，就只是这些思想而已。许多实行家自以为不受任何学理之影响，却往往当了某个已故经济学家之奴隶。狂人执政，自以为得天启示，实则其狂想之来，乃得自若干年以前的某个学人。我很确信，既得利益之势力，未免被人过分夸大，实在远不如思想之逐渐侵蚀力之大。（《就业、利息和货币通论》）

看来不仅是“仁义道德”，经济学家以及政治哲学家之思想，都是有这样强大的侵蚀力的？

自己想吃人，又怕被别人吃了，都用着疑心极深的眼光，面面相觑……

去了这心思，放心做事走路吃饭睡觉，何等舒服。这只是一条门槛，一个关头。他们可是父子兄弟夫妇朋友师生仇敌和各不相识的人，都结成一伙，互相劝勉，互相牵掣，死也不肯跨过这一步。（《狂人日记》）

去了这等心思（“心中无虎”），究竟好与不好，或许只有那个“π”才知道。

四千年来时时吃人的地方，今天才明白，我也在其中混了多年；大哥正管着家务，妹子恰恰死了，他未必不和在饭菜里，暗暗给我们吃。

我未必无意之中，吃了我妹子的几片肉，现在也轮到我自己……

有了四千年吃人履历的我，当初虽然不知道，现在明白，难见真的人！（《狂人日记》）

鲁迅先生的这份勇于自省的精神，及胡适先生的“只有咱们这种不长进的民族以‘闲’为幸福,以‘消闲’为急务”的高论,曾经令我钦佩,如今却使我有些迷惑了,究竟是老虎在吃人?还是小岛(莲花)在吃人?究竟是人在吃人?还是“仁义道德”在吃人?究竟是只有大哥在吃人(少年π的评论中,也有人提出其实是大哥在吃人的观点)?还是大家都在吃人?我们究竟应该如何面对这个“吃人”的世界?我们应该去相信“圣人”?还是“老虎”?

而鲁迅先生说:

我大哥引了一个老头子,慢慢走来;他满眼凶光,怕我看出,只是低头向着地,从眼镜横边暗暗看我。大哥说:“今天你仿佛很好。”我说:“是的。”大哥说:“今天请何先生来,给你诊一诊。”我说:“可以!”其实我岂不知道这老头子是刽子手扮的!无非借了看脉这名目,揣一揣肥瘠:因这功劳,也分一片肉吃。我也不怕;虽然不吃人,胆子却比他们还壮。伸出两个拳头,看他如何下手。老头子坐着,闭了眼睛,摸了好一会,呆了好一会;便张开他鬼眼睛说:“不要乱想。静静地养几天,就好了。”

不要乱想,静静地养!养肥了,他们是自然可以多吃;我有什么好处,怎么会“好了”?他们这群人,又想吃人,又是鬼鬼祟祟,想法子遮掩,不敢直截下手,真要令我笑死。(《狂人日记》)

老头子?“不要乱想。静静地养几天,就好了”?我们似乎又看到了一些熟悉的东西。我随手翻开一本《道德经》,其中有这样的句子:

治大国,若烹小鲜;以道莅天下,其鬼不神;非其鬼不神,其神不伤人;非其神不伤人,圣人亦不伤人。夫两不相伤,故德交归焉。

还是老子“文明”,只提“伤人”,不说“吃人”。

我看迄今为止,好像还真没什么人读懂过这几句话。下面我来解读一下这段话:

“治大国,就像烹一道小鲜,不可不翻动(否则接近火的一层已经熟过了,其他层还是生的);但也不可常翻动(否则小鲜就被翻烂了)。是指治理天下,不可以没有变革,但不能变革过于频繁和剧烈(否则天下大乱大家都将受伤)。”

以道治天下，就可以不让"鬼"（可以伤人的人或思想）占据统治地位，不使它们获得神一样的法术。

但怎么才能不让"鬼"去占统治地位呢？是不是应该去剥夺"鬼"的法术呢？你知道谁是鬼呀？鬼的脸上又不写字，克伦威尔、罗伯斯庇尔再比如说前面说到的那个毕达哥拉斯，几如圣人一般，在他们获得"神"一样的能力或者背后有一群鬼一样的信徒之前，谁都无法判断，他们是不是鬼。即使是《少年 π 的奇幻漂流》影片中的那个厨子，当他还只是一个厨子的时候，你能仅因为他说的几句话，便判定他是鬼吗？而等他们成了神，伤了人（发现它是鬼了），再去剥夺它的法术，就晚了，那本身便也是在伤人了。所以"非其鬼不神，其神不伤人"。不是要让你去阻止鬼上位（你也阻止不了），而是不要让占统治地位的人或思想，获得损及百姓利益的能力（权力和影响不能成为信仰）。只要是不给"神"吃人的能力，它就无法成为"鬼"。那样，即便是由大哥来"管家"，他也是没有伤及小妹的能力的，他便不会成为"鬼"。这也就达到了"其鬼不神"的目的。

这样说来，是让你去剥夺这些"神"吃人的法术吗？也不是的，等到他们已经成"神"了，已经成为你的信仰了，已经成为独裁者了，已经谁也阻止不了他们吃人了！所以，要在他们或是他们的思想还处在自称"圣人"的阶段，就不让他们或者是他们的理论有机会得到伤及别人利益的权力或影响力。己所不欲，勿施于人，别管自己觉得自己有多像"圣人"，不要给"大哥"开那些"虎狼之药"。这样，圣人，如老（头）子和"大哥"就都伤不到人了。而厨子，最多也就是抡着马勺，骂几句闲街而已。他愿意自封"圣人"，把别人都叫"咖喱人"，那就随他去吧。

那么从"人"的角度，即使是"圣人"（也包括"被圣人"的孔子和老子），你也不要迷信他，不要神化他，他自然就不会伤到你。否则，如果你被伤到了，究竟是"圣人"们的错，还是你自己的错呢？而对那些"神"一样的厨子，放出你的"心中之虎"，他还能兴起什么风浪？

如果圣人和神都不会伤人（变成鬼），那么人们，便没必要像鲁迅笔下的

“狂人”一样,对他们提出“吃人”的指控。这才是“两不相伤”。“仁义道德”本身又会有什么错呢?难道是因为“仁义道德”禁锢了我们的“心中之虎”,才使这个世界变得吃人了?

子贡问孔子:“有一言而可以终身行之者乎?”子曰:“其恕乎!己所不欲,勿施于人。”于是子贡讲:“我不欲人之加诸我也,吾亦欲无加诸人。”可孔子如何回答的呢?“赐也,非尔所及也。”

你可以做到,不想去吃别人,却如何能做到别人也不想来吃你呢?而别人想来吃你,你却又如何能做到不去吃他呢?而别人吃了别人,你却又如何保证你没有跟着一起吃呢?这似乎是那个π和鲁迅先生笔下的“狂人”共同的疑问。而老子与孔子这两位先哲的解读却都只是告诉你,不要迷信圣人。而老子告诉你,要“以德报怨”;可孔子却说:(以德报怨),“何以报德?以直报怨,以德报德。”

(写于 2013 年 1 月 15 日)

对《论语》中两句话的个人理解

其一：

“民可使由之不可使知之。”

对这句话的理解，古来争议颇多。甚至连标点，都是众说纷纭。

人皆传之，其意为：“对于老百姓，驱使他们(按照自己的意思)去做事就行了，不要让他们明白在做什么。”标点为“民可使由之，不可使知之”。

有一定道理，但我不相信这是孔老夫子的本意。

尽管孔子也讲过类似“中人以上，可以语上也；中人以下，不可以语上也”和“唯上知与下愚，不移”的话，但前者讲的是因材施教的道理，后者说的是“性相近，习相远”的两个特例是不受环境影响的。显然打击面都远没有“民”这个概念之大，最重要的是，“中人以上，可以语上也；中人以下，不可以语上也”和“唯上知与下愚，不移”，侧重的都是人的本性，而不是说要对他们隐瞒什么，更不会是放弃作为一个教育家最基本的坚持。孔子曰：“不愤不启，不悱不发。举一隅不以三隅反则不复也。”标准虽然严厉，但绝非主张对全民不教而驱。

那么如果沿着这个思路去解读这个“民可使由之，不可使知之”，比较可信的解释，应该是：“老百姓接受驱使是那样的容易，而让他们接受教化，却是那样的难！”

不难想象，以当时孔子的境遇和现实的状况，孔夫子这位智者，发出这样的感慨是不足为奇的。

我又查了一下百度,给了四种解释。其中释义一便是:“可以让老百姓按照我们指引的道路走,不需要让他们知道为什么。”或者:“下民可以驱使他们工作(由字本意与农田、庄稼有关,这里应该指‘井田制’的耕作),却不可以让他们知道我们的目的。”

另外三种解释如下,不多评论。

释义二

断句为:民可,使由之;不可,使知之。由此解读为:“对于民,其可者使其自由之,其所不可者亦使知之。”类似观点还有:“舆论所可者则使共由之,其所不可者亦使共知之。”(宦懋庸,《〈论语〉稽》)

然而,仔细分析其意思,‘使知之’是为了达成‘民可’的目的,若是民知道后还是‘不可’,那么当然没必要让民知道,这就是‘不可使知之’之意。

释义三

断句为:民可使,由之;不可使,知之。结合上下文的语境理解应为:诗礼乐这三样东西是教育民众的基础,一定要抓好,如果人民掌握了诗礼乐,那就是好事,应该让他们发挥,如果人民还没有掌握的话,我们就要去教化他们,让他们知道和明白这些东西。[①]

另一方争议的认为礼乐诗是上等人的事,民只是工作工具,无法掌握,加之孔子曾说过“惟上知与下愚,不移”,下民是教不来的,这就是可使不可知的原理。

释义四

断句为:民可使,由之不可;使知之。解释为:一个国家领导人,人民都能够服从,都能够奉行政令,好,随他去;如果人民不听话,他有意见,有排斥,有对抗,这时候怎么办?知之,这是教他。所以“建国君民,教学为先”。

---

① 刘默:《史上被封杀的幕后真相》,石油工业出版社2012年版。

其二：

“君子不重，则不威。学，则不固；主忠信，无友不如己者；过，则勿惮改。”

通过对孔子的研究，我认为，以上的标点，是最尊重原著的。

“君子不重，则不威”充分体现了从事“圣人”这个行业的专业素质。

至于“重”和“威”的问题，显然是市场的问题，市场究竟是“称重机”，还是“投票机”呢？“威”是否会围绕“重”而上下波动呢？交给大家投票解决吧。

下面的“学，则不固”讲的是“威”了之后的事情。你“威”都“威”了，周围的人便只能乖乖地交出手中的“投票权”了，也就不敢讲话了。于是，即便是“君子”，难免因此变得固执，这可能是作“圣人”的副作用吧？于是孔子讲，不断学习，可以避免这个“圣人副作用”。

但是，你都“威”了，还能向谁去学呀？于是孔子接着讲“主忠信，无友不如己者”。这不是说，“交的朋友都要比自己地位高”。世俗对这句话的这种理解，简直令我无法容忍。这句话说的意思是“在是否坚持‘忠’与‘信’的问题上，自己的朋友中，没有异类”。换句话说，只有那些肯讲真话，不因某一句话是孔子说的，便心理压力过大的人，才能成为孔子的朋友。但那不是挑战孔子的“威”吗？于是，孔子确实没有朋友。

至于“忠、信、学”的理解，可以看一下，他的悟性最好的学生之一当时做的课堂笔记。“曾子曰：‘吾日三省吾身：为人谋而不忠乎？与朋友交而不信乎？传不习乎？’”日三“醒”的目的是什么？显然是“过，则勿惮改”（喝多了，下次就少喝点），否则省了不也是白省吗？省的对象，就是对孔子“忠、信、学”概念的进一步解读，“与人谋之忠，与朋友交之信”。

回过头来继续说，“学，则不固”，学的后面，可以有一个逗号，表示强调，但不可以是句号，因为学，是没有止境的。故，如果要加一个“句号”的话，它只能加在“学”的前面，而不是后面。因为前面的那句话，是属于“圣人”的。当然，这是站在孔子的角度说的话，曾子记笔记，就不能这么记了，从学生的角度,他只能写“传不习呼”。所以,至今,我们再没有出现过超过孔子的人,我们只好称之为“圣人”。

（写于 2013 年 5 月 30 日）

历史的逻辑

孔子曰："非其鬼而祭之，谄也"；"夷狄之有君，不如诸夏之无也。"对于洋人的东西，我是极乐于拿来主义的，但前提是它为我所用，而不是相反。

拟合，是投资分析中经常使用的一种方法，甚或不如说，是经常会犯的一个错误。拟合的有效性，取决于被拟合数据背后的逻辑关系，而人们在拟合时，往往所丢弃的，却恰恰是这些逻辑关系。失去逻辑关系的数据，是没有生命的。然而，我们经常会看到用一堆没有生命的数据堆砌出的分析结果，甚至是数学模型。美其名曰：有大量数据支撑！

当然，这些东西在做技术分析和趋势分析时，仍旧是必不可少的。但历史是否真的可以代表未来呢？

历史不会回避重复，历史更不会为了重复而重复，它只会按照自己的逻辑，"主观"地我行我素。

孔子曰："天何言哉？四时行焉，百物生焉，天何言哉？"

尽管天是"不言"的，但历史却是有逻辑的，它喜欢按照自己的逻辑去运行。在一个逻辑改变之前，一年四季，周而复始，它不会介意历史的反复重复。历史是有逻辑的，但它却没有恒久不变的逻辑。当一个逻辑改变后，它同样不介意，回避重复。夏虫不可以语冰，谁说，一年必须有四季！是民族，就要有数千年历史？因此，如果你不了解其中的逻辑，而只是简单地去猜测"历史是否会重复"，那只会不停地欺骗自己。这个历史的"逻辑"，就是"道"。"道可道，非恒道；名可名，非恒名。"天是不言的，是不去定义历史的逻辑的，当你定义了这个逻辑时，它便已经不再是"历史的逻辑"。它像是一个有无穷多变量、无穷多维的模型，除非你准确地定义了其中的每一个变量，否则它并没有被真正定义。

道是复杂的，道也是简单的。当你去定义历史的逻辑时，它的复杂，已非人力所及；当你决定去接受历史的逻辑时，它却看似变得那样的简单。

孔子曰："天命之谓性，率性之谓道，修道之谓教。道也者，不可须臾离也；可离，非道也。是故君子戒慎乎其所不睹，恐惧乎其所不闻。莫见乎隐，莫显乎微，故君子慎其独也。"

然而，"历史的逻辑"本身却并不简单。

孔子曰："道之不行也，我知之矣，智者过之，愚者不及也。道之不明也，我知之矣：贤者过之，不肖者不及也。人莫不饮食也，鲜能知味也。"一个愚者、不肖者，看不到历史逻辑的人，当然无法"接受历史的逻辑"，而智者、贤者，却多自命为"改变历史的人""定义历史逻辑的人"，又如何肯接受历史的逻辑呢？这本身便是历史的逻辑之一。以孔子之贤，在"晨门"眼中，不过是一"知其不可而为之者"；而在老子看来则是"大道甚夷，而民好径"；一个北京说相声的有一句名言："世上本无路，走的人多了，有路，也没用。"每次我站在北京街头时，看到各环路停车场般的场景时，不得不深以为然！

历史的逻辑在哪里？

"道"究竟在哪里？

道在屎溺。

当你接受历史的逻辑时，它的复杂，已非人力所及；当你去定义历史的逻辑时，它却看似变得那样的简单。

一个民族，拥有数千年的历史，其间会有人不停地拟合说，它会继续繁衍下去，生生不息；令人吃惊的是，必然有人同时不停地拟合说："树长不到天上去！"投资分析也是同样，如果我们无法抓到历史背后的逻辑，却简单地拟合做出，无论是长不长得到天上，或天在哪里的分析结论，也或者是不停地评论，谁谁谁长得极像哪年的某某某，这样的分析，或许的确是在定义历史的逻辑了。它尽管看似简单，却没有丝毫的价值。如果我们无法抓到历史背后的逻辑，却自称历史逻辑的接受者，只不过是听天由命罢了。尽管看似简单，但这样的人生，没有丝毫价值。我相信，忽视价值的价值投资，在中国，仍旧会盛行下去。

（写于2013年9月14日）

后生可畏与朝闻夕死

“后生可畏”出自《论语·子罕》:“后生可畏,焉知来者之不如今也?四十、五十而无闻焉,斯亦不足畏也已。”

“后生可畏,焉知来者之不如今也?”一般被理解为:“年少的人是可怕的,怎能断定他的将来赶不上现在的人呢?”(如杨伯峻:《论语译注》)

这个没有什么大问题,所谓“现在的人”有的说是指孔子自己,有的说是指孔子师徒,也有说是“今日之期许”的。我认为是指孔子自己。《朱子集注》也讲得很明确:“孔子以后生年富力强,足以积学而有待,其势可畏,安知其将来不如我之今日乎?”这些都不重要,有一点应该是确定的,指的应该是有“闻”之人,否则与第二句矛盾。

总之,第一句的后半句是前半句“可畏”的原因,不必过度解读。

但第二句“四十、五十而无闻焉,斯亦不足畏也已”一般被理解为:“一个人到了四五十岁还没有什么名望,也就不值得惧怕了。”(杨伯峻《论语译注》)

这个就让我看着很不爽了!作为这个年龄段的人,至今仍默默无闻的有智思有财(仍处在思的阶段),认为极有必要据理力争一下!

这段话的逻辑是这样的:后生(即使现在没什么名望将来可能会赶超)是可畏的,四五十岁的人,或是这个后生到了四五十岁之后(还没人知道,将来也就没什么机会了)也就不可畏了。这下问题就来了。首先这个“亦”字,大多表示“同样”“也是”“又”的含义,即使偶有“仅仅”“不过”之意,但是难以达到强转折的效果。“亦”可以理解为“也就”,但最多不过是表达“也就不过”“也就这样”的意思。但“亦不”一般不能理解为“也就不”(与前面相反),而只能理解为“同样不”“也是不”(与前面相同)。那么前面如果讲的是“不可畏”,

那么后面的“同样不”(亦不)就顺理成章了，但前面说的是“可畏”，这个“同样”从何而来呢？显然这个逻辑就变成了这样：绝大多数人都是不足畏的，只有后生例外，但后生如果长到四五十岁还没弄出个什么响动来，也就同样不可畏了。看起来，可不可畏，最关键的是看一个人在四五十岁之前能不能有什么名望？那孔子畏的是什么呢？畏别人将来在名望上超过自己？当然这个畏可以理解为敬畏，那么一个人没有什么名望，或者说名望不如自己，就不值得自己敬畏吗？孔老夫子有这么浅薄吗？如果从孔子的理论“一以贯之”的精神出发，几乎无法想象老夫子这是在以一种什么样的思维方式说话。孔子判断一个人是否值得敬畏的标准，什么时候竟然是世俗名望了？

幸好，除了这个主流意见之外，也还是有一些非主流的声音(这一向是我的最爱)。程树德《论语集释》这个段落的【别解】中，就分别录了《四书拾遗》中王阳明的一段解读和黄式三《论语后案》中的一段解读，如下：

王阳明曰：“无闻是不闻道，非无声闻也。孔子曰：‘是闻也，非达也’安肯以此望人？”(《四书拾遗》)

无闻，不能闻道也。言后生之可畏，诚以来日之富矣。不知一复一日，来日不长为后生也。四十、五十而于道卒未有闻，斯复无来日之可俟，复谁畏之？(黄式三《论语后案》)

这里提出来，“无闻”是指“不能闻道”，而不是什么“没有名望”。王阳明所举证的“是闻也，非达也”出自《论语·颜渊》：子张问：“士何如斯可谓达人矣？”子曰：“何哉，尔所谓达者？”子张曰：“在邦必闻，在家必闻。”子曰：“是闻也，非达也，夫达也者，质直而好义，察言而观色，虑以下人。在邦必达，在家必达。夫闻也者，色取而行违，居之不疑，在帮必闻，在家必闻。”

杨伯峻《论语译注》对这段话的译文如下：

子张问：“读书人要怎样做才可以叫作达？”孔子道：“你说的达是什么意思？”子张答道：“做国家的官时一定有名望，在大夫家工作时一定有名望。”孔子道：“这个叫闻不叫达。怎样才叫达呢？品质正直，遇事讲理，善于分析别人的言语，观察别人的颜色，从思想上愿意对别人退让。这种人，做国家的官时固然事事行得通，在大夫家一定事事行得通。至于闻表面上似乎爱好仁德，实际行为却不如此，可是自己竟以仁人自居不加疑惑。这种人，做官的时候一定会骗取名望，居家的时候也一定会骗取名望。”

这是《论语》中所谓“名望”的很经典的一段对话。“夫闻也者，色取而行违，居之不疑，在帮必闻，在家必闻”就是孔子对这个“闻”的态度，孔子怎么可能把它作为判断人的标准呢？所以王阳明反问：“安肯以此望人？”

但程树德并不认同这个观点，他在后面的按中写道：

此解似是而非。皇邢两疏并以声誉令名为言，亦谓名闻于世也。孔子疾没世无称，何常以令闻为戒哉？与告子张之是闻非达，系各明一义，所谓“言各有当”也。

大概意思就是说，王阳明的这种理解是似是而非的。皇侃《论语义疏》和邢昺《论语注疏》都坚定地认为这个闻就是世俗的名望。孔子一辈子都在为没能在生前等到应有的名分而耿耿于怀，哪做得到以世俗名望为戒？这里所说的无闻则不足畏，与告诉子张的是闻非达中的闻，实际上指的都是世俗名望，态度上的巨大反差不过是见什么人说什么话而已。最后还给孔子贴了张标签，叫“言各有当”，其实不如直接说“是闻也，非达也”篇是“言不由衷”好了！

程树德的这个说法，我觉得还是很有问题的。即使是孔老夫子真的如他所说，无法真正做到以令闻为戒，但也绝不致以令闻为据。这个之间的差距还是很大的。孔子自己讲自己是“四十而不惑，五十而知天命”（可没有四十五十而名闻于世的说法），那么推己及人，“己欲立而立人，己欲达而达人。能近取譬”的话，应该认为四十、五十是一个通达事理的年纪。所以应该说，这里的“无闻”是指“不能闻道”，是比较符合孔子的理论体系的。

但这样问题就又来了。《论语·里仁》中有这样一句话，子曰：“朝闻道，夕死可矣。”《朱子集注》：道者，事物当然之理。苟得闻之，则生顺死安，无复遗恨矣。朝夕所以甚言其时之近。

别说是四五十了，就算是七老八十，早上闻道，晚上就死了都可以“生顺死安,无复遗恨”了。那么按照这个逻辑,那句“四十、五十而无闻焉,斯亦不足畏也”,应该理解为四十、五十岁的人,如果还没有闻道,那也用不着担心。我倒是极其希望这是孔老夫子的本意,这样,下次再在网上跟小孩子们吵架的时候,也不必再为自己几十岁的人了,还如此执迷不悟有什么惭愧了。但是后面加了个“已”字,这个口感就全变了。而且据程树德《论语集释》考异,皇侃《论语义疏》本,在这个“已”后面,还有个“矣”字。叶德辉《天文本论语校勘记》:古本、唐本、津藩本、正平本“已”下都有这个“矣”字。是“四十、五十而无闻焉,斯亦不足畏也已矣”。看起来,这就更坐实了,老夫子的意思是,四十、五十岁,还不闻道,那就彻底没救了。真正是“少壮不努力,老大徒伤悲”。此生能否闻道,也只有企盼夕死朝闻的奇迹出现了。

(写于2014年11月24日)

孔子讲授“价值投资”之颜渊篇

颜渊问怎样做才算是价值投资。孔子说:“克制自己,一切都照着巴菲特说的去做,这就是价值投资。一旦这样做了,天下的一切就都归于价值投资了。实行价值投资,完全在于自己,难道还在于别人吗?”颜渊说:“请问实行价值投资的具体方法。”孔子说:“不合于巴菲特语录的不要看,不合于巴菲特语录的不要听,不合于巴菲特语录的不要说,不合于巴菲特语录的不要做。”颜渊说:“我虽然愚笨,也要照您的这些话去做。”

(《论语·颜渊》:颜渊问价值投资,子曰:“克己复巴为价值投资。一日克己复巴,天下归价值投资焉。为价值投资由己,而由人乎哉?”颜渊曰:“请问其目?”子曰:“非巴勿视,非巴勿听,非巴勿言,非巴勿动。”颜渊曰:“回虽不敏,请事斯语矣。”)

【注】:孔门之言“仁”,如巴门之言“价值投资”者夫,故以彼代之。下同。

【考异】:《上海博物馆藏战国楚竹书(五)·君子为礼》载:颜渊侍于夫子,夫子曰:“回,君子为巴,以依于价值投资。”颜渊作而答曰:“回不敏,弗能少居也。”夫子曰:“坐,吾语汝。言之而不巴氏语录,口勿言也;视之而不巴氏语录,目勿视也;听之而不巴氏语录,耳勿听也;动[之]而不巴氏语录,身勿动焉。”颜渊退,数日不出。或问之曰:“吾子何其惰也!”曰:“然,吾亲闻言于夫子,欲行之不能,欲去之而不可,吾是以惰也。”(简文说,孔子讲了,“君子为巴,以依于价值投资”,要以巴氏语录为行为准则,才能成为价值投资者。颜渊一听,起身就走,说我太笨,恐怕不能陪您坐了。孔子不让他走,拉他再坐,继续告诫他,说凡不合于巴氏语录,要“勿言”“勿视”“勿听”“勿动”。结果,颜渊回屋就躲起来了。有人(简文缺去其名)问他说,你干嘛这么消极。他说是，我就是消极，因为我亲耳听老师教导，不能不当回事：照他说的做吧，我做不到；不照他说的做吧，又不行，只好消极。孔子的教导，颜渊都做不到，别人怎么办？李零说，这是黑色幽默。）

【朱熹集注】：颜渊闻夫子之言，则于天理人欲之际已判然矣，故不复有所疑问而直请其条目也。非礼者，己之私也。勿者，禁止之辞。

【按】：历代有许多人认为颜渊是孔子最得意的门生！甚至认为，如果不是他死得早，本应成为孔门衣钵传人（除非孔子瞎了眼了）。论语中许多弟子都向老师问过“仁”，孔子给的答案是因人而异，基本上都是发问弟子所欠缺的地方。朱熹《集注》多以为因其失而告之。唯独对颜渊的这段回答和另外对子贡的一段回答与众不同。对颜渊的这一段，尤其怪异。而且因为大家都认为颜渊是衣钵传人，所以便认定，这个，就是（行）仁的标准答案。更有甚者，后人变本加厉将其发展为“存天理，灭人欲”①，并由此为孔老夫子招来无数后世诟病，同样是因为后人实在是没看懂孔子意思。

可以看一下颜渊跟着孔子这些年干什么了呢？其实什么都没干。对于像颜渊这样一个除了唱高调，空喊口号，其他一无是处的弟子，你能跟他讲怎么高深的道理呢？无非也只能说：“照着巴菲特说的去做就成了，实行价值投资，完全在于自己，难道还在于别人吗？”然后他竟然接着问“其目”？那还能说什么呢？只能说“去，给你本巴氏语录，自己背去吧！背会了你就价值投资了！”那“克己复巴”与“存天理，灭人欲”之间又是什么关系呢？克制自己，一切都照着巴菲特说的去做。比如巴菲特说了，“别人贪婪的时候，我恐惧；别人恐惧的时候，我贪婪”。贪婪和恐惧，就是人欲呀！你信仰了价值投资的“天理”，就只好克制自己的人欲，把贪婪和恐惧的权力交由巴氏语录去调整

---

① 程树德说，此章孔子明言复礼，并未言理。止言克己，并未言私欲。今硬将天理人欲四字塞入其内，便失圣人立言之旨。或曰：即将克己复礼解为克私欲复天理，有何害处（方东树之言）？余曰不然。解经须按古人时代立言，孔子一生言礼不言理，全部《论语》并无一个理字。且同一“己”字，前后解释不同，其非经旨甚明。其病总在先有成见，此端一开，后来解经者莫不挟其私见，假托圣言，以伸其说……阮式元曰：“朱子中年讲理，晚年讲礼，盖理虚而礼实也。”是朱子已自悔其说之非矣，后人何必代古人文过耶？

了。明明股票跌得一塌糊涂，损失巨大，心里怕得要死，还要在那里接着喊，“股价下跌，是价值投资者的福音”“夫子之道至大，故天下莫能容。虽然，夫子推而行之，不容何病，不容然后见君子！夫道之不修也，是吾丑也。夫道既已大修而不用，是有国者之丑也。不容何病，不容然后见君子！”，一副刀枪不入的样子。这就是“存天理，灭人欲”的成果呀！

子曰：“有是哉颜氏之子！使尔多财，吾为尔宰。”

（写于 2014 年 12 月 1 日）